दो शरण

सूर्यकान्त त्रिपाठी 'निराला'

चयन

दूधनाथ सिंह

राजकमल प्रकाशन

ISBN : 978-81-267-1216-8

मूल्य : ₹295

पहला संस्करण : 2006
दूसरा संस्करण : 2018

प्रकाशक : राजकमल प्रकाशन प्रा. लि.
1-बी, नेताजी सुभाष मार्ग, दरियागंज
नई दिल्ली-110 002

शाखाएँ : अशोक राजपथ, साइंस कॉलेज के सामने, पटना-800 006
पहली मंजिल, दरबारी बिल्डिंग, महात्मा गांधी मार्ग, इलाहाबाद-211 001
36 ए, शेक्सपियर सरणी, कोलकाता-700 017

वेबसाइट : www.rajkamalprakashan.com
ई-मेल : info@rajkamalprakashan.com

मुद्रक : बी.के. ऑफसेट
नवीन शाहदरा, दिल्ली-110 032

DO SHARAN
Poems by Suryakant Tripathi 'Nirala'

पहले पुनश्च

आगे जो भूमिका दी गई है, वह आज से लगभग पैंतीस वर्ष पहले लिखी गई थी। लेकिन भूमिका के बतौर नहीं, अपनी किताब 'निराला : आत्महन्ता आस्था' के अन्तिम अध्याय के रूप में। हर किताब अपने लेखक को मुक्त करती है, जब वह उसके हाथों से छूटकर बाहर आती है। तब निराला को लेकर एक उछाह था। वह अब भी कम नहीं हुआ, लेकिन किताब से अब एक दूरी बन गई है। दरअसल किताब निराला की कविताओं पर एक रचनात्मक गायन है, उसके तर्क में एक संगीत है, जो आलोचना के 'धर्म' से थोड़ा अलग है। इसीलिए उसमें पुनरावृत्तियाँ हैं, बात को ख़ूब-ख़ूब बखानने की ललक है। कुछ शब्दों से इतना कमज़ोर किस्म का लगाव है कि उनका साथ छूटता ही नहीं। जैसे 'उच्छल'। निराला के विश्लेषण में चल गया, और कहीं नहीं चलेगा।...लेकिन इस चयन की भूमिका के रूप में देने के लिए वर्षों बाद अपना ही लिखा हुआ वह आलेख मैंने जब फिर पढ़ा तो मैं यह भूल गया कि इसे मैंने ही लिखा है। उन बातों को दुहराना अब सम्भव नहीं। मुझे लगा कि निराला की इस 'विनय पत्रिका' का एक विनम्र आख्यान होने के लायक यह आलेख अभी भी है।

वैसे मैंने सोचा था कि इस चयन के बारे में और कुछ नया लिखूँगा। मैं सदा से नास्तिक हूँ, लेकिन इन कविताओं से कभी पीछा नहीं छूटा। वह कवि का आत्म-चीत्कार और अकेलापन है, जो मुझे यूँ खींचता है, या मेरे भीतर संस्कारतः बैठा कोई आस्तिक चोर ? मैं कुछ नहीं कह सकता। जिन चीज़ों को मैंने वर्षों पहले झाड़-पोंछकर फेंक दिया, वे अकसर एक 'हेलुशिनेशन' की तरह लौटती हैं। अपने से निपटना बड़ा कठिन है। तब क्या वह विभोर और विस्मित और आतंकित कर देनेवाला कवित्व है, जो पीछा नहीं छोड़ता ? या कवि का वह शब्दों, लय-वितानों से बच्चों की तरह खेलना है, जो हमें विमुग्ध करता है ? खेलने का कोई नियम नहीं, और फिर भी नियम। एक शब्द, एक लय, एक धुन और एक कलाकृति। कहीं से भी उठाओ और कहीं खत्म कर दो, एक अनहोनी कविता। हर नई कविता में एक नया प्रयोग। एक नया शब्द-कोष। एक नई स्मृति। एक

नया वर्तुल वितान।

निराला इतने अनायास कवि कभी नहीं रहे, जितने सन् पचास के बाद अपनी मृत्यु तक। शब्दों के साथ इतने खेल पहले कभी नहीं किए :

अनियारे दृग चपल उपान्तों
झरी रेणुएँ क्लान्तों प्रान्तों
खसे खेल उपवन के शान्तों...

क्या यही बातें हमें आकर्षित करती हैं ?

या परम्परा द्वारा कवि को अकेले छोड़ दिए जाने की जो एकान्तिक पीड़ा है, वह हमारे आगे-पीछे छाया-सी चलती है ?

या कवि का दिन काटे नहीं कटता और वह उसे काटने के लिए बार-बार (एक ही दिन में कभी सात-सात बार) कलम उठाता है ?

वह क्या है ? क्या है वह, जो 'कुछ नहीं' को कविता बनाता है ?

दरअसल निराला की ये प्रार्थनाएँ मध्यकालीन भक्ति-पदों से अलग हैं। वे मध्यकालीन 'शरण' को निरुत्तर करती हैं। क्योंकि उनका कोई बँधा-बँधाया पैटर्न नहीं, उसके पीछे कोई निश्चित दार्शनिक अन्तर्धारा नहीं। उनका वैविध्य 'देवताओं' का नहीं, 'अन्तर्वस्तुओं' का है। यही फ़र्क इन प्रार्थनाओं को 'आधुनिक' बनाता है, क्योंकि वे 'ट्रेजिक' हैं, 'साधनापरक' नहीं। वे आधुनिक मनुष्य के अन्तर को बेधती हुई दुख-गाथाएँ हैं, जिनके पीछे कोई 'निर्वाण' नहीं। वे वैराग्य से नहीं, धरती के राग से उत्पन्न अनुपलब्धियों, आकांक्षाओं, अवहेलनाओं, आसक्तियों और शुभेच्छाओं की बोलती करुणाएँ हैं। उनमें जो आर्त्त-स्वर है, वह आज की दुनिया से समझौता करने में असफल कलाकार की एक बीहड़ चीख़ है। बावजूद इसके निराला के अलावा ये पंक्तियाँ कौन लिख सकता था :

आलिंगित बान्धवता आये
वैभव विपुल परांङ्मुख जाये
जीवन को यौवन नहलाये
कोई अविनश्वर सर दो।

इलाहाबाद
9.12.2005

—दूधनाथ सिंह

क्रम

भूमिका

प्रपत्ति-भाव

दुरित दूर करो नाथ अशरण हूँ गहो हाथ।
हार गया जीवन-रण, छोड़ गए साथी-जन,
एकाकी, नैश-क्षण, कंटक-पथ विगत-पाथ।
देखा है प्रात किरण, फूटी है मनोरमण,
कहा, तुम्हीं हो अशरण-शरण, एक तुम्हीं साथ
जब तक शत मोह-जाल, घेर रहे हैं कराल
जीवन के विपुल व्याल, मुक्त करो विश्वगाथ !

निराला की सम्पूर्ण गीत-रचना का एक बहुत बड़ा भाग शरणागति या प्रपत्ति-भाव के गीतों से सम्बद्ध है। भक्ति, प्रार्थना और शरणागति के गीत 'परिमल' संग्रह से ही हमें मिलने लगते हैं। इसकी क्षीण ध्वनि उनके पहले संग्रह 'अनामिका' की 'माया' कविता में हमें सुनाई देती है। 'या कि लेकर सिद्धि तू आगे खड़ी, त्यागियों के त्याग की आराधना'—कहकर कवि अपनी रचनात्मकता की उस विशेष दिशा की ओर संकेतित करता है, जो आगे चलकर उसके अवसाद, उसकी उदासी, खिन्नता, मृत्यु-भय और आत्म-जर्जरता से होती हुई, अन्ततः शरणागति की प्रार्थना-भूमि पर उसे उतारती है। आगे चलकर सिर्फ 'कुकुरमुत्ता' और 'नए पत्ते' में शरणागति सम्बन्धी कोई रचना हमें नहीं प्राप्त होती। लेकिन 'आराधना' और 'अर्चना' में उसकी संख्या आश्चर्यजनक रूप से बढ़ जाती है। अकेले 'अर्चना' में शरणागति के लगभग 34-35 गीत संग्रहीत हैं। 'गीत-गुंज' और उनके अन्तिम संग्रह 'सांध्य काकली' में भी वह प्रार्थना-क्रम तिरोहित नहीं हुआ है। यद्यपि अपने जीवन के अन्तिम दिनों में निराला 'प्रार्थना की व्यर्थता' की बात भी करते हुए दिखाई देते हैं, लेकिन यह उत्कट नैराश्य के क्षणों की ही अभिव्यक्ति लगती है, अन्यथा वे अपनी कारुणिक आत्म-जर्जरता में लगातार 'प्रभु' की अमर

फ़ैंटेसी में शरण लेते हुए दिखाई देते हैं। उनके सारे संग्रहों को मिलाकर शरणागति और प्रार्थना-क्रम के इन गीतों की संख्या लगभग 90 के आसपास पहुँचती है। इस तरह निराला के अन्तःसंगीत का एक बहुत महत्त्वपूर्ण भाग 'प्रभु' के इसी साक्षात्कार से सम्बद्ध है। 'अन्तः संगीत' के पिछले अध्याय में निराला के गीतों का विश्लेषण करते हुए मैंने यह बताने की कोशिश की है कि निराला की रचनात्मकता का केन्द्रीय भाव अपनी रचनाओं द्वारा निजत्व की समीपतम पहचान है। यही, निजत्व की समीपतम पहचान, उनके प्रार्थना-क्रम के इन गीतों में भी अभिव्यक्त हुई है।

अपने समकालीनों में निराला अकेले कवि हैं, जिन्होंने शरणागति के इतने उच्छल और पवित्र गीत लिखे हैं। 'प्रभु' की अमर फ़ैंटेसी में कवि का यह करुणा अवसान शुरू-शुरू में आश्चर्यजनक लगता है। ईश्वर की तर्कातीत आस्था से तर्काश्रित अनास्था में लौटने की मनुष्य की विचार-यात्रा का आधुनिक साक्ष्य निराला भी अपनी रचनाओं द्वारा प्रस्तुत करते हैं। खासकर तब, जब वे मृत्यु की अनन्त शक्तिमन्तता का सहज स्वीकार अपनी रचनाओं में प्रस्तुत करते हैं। इस रूप में निराला बिलकुल आधुनिक चेतना के कवि सिद्ध होते हैं। यही नहीं, जब वे 'प्रार्थना की व्यर्थता' की बात उठाते हैं तब भी लगता है कि वे मनुष्य की मरणाशीलता की सीमा से ऊपर 'प्रभु' की अनाम, असीम, अमर अर्थवत्ता में अन्ततः शंका व्यक्त करते हैं। यह शंका निश्चय ही मनुष्य के आधुनिक मन की शंका है, जो मृत्यु की सर्वान्त विनाश-लीला के ऊपर किसी भी तर्कातीत आशय में शरण लेने की बात नहीं सोच सकता। इसीलिए निराला की मृत्यु-सम्बन्धी रचनाओं की चर्चा करते हुए मैंने कहा कि मृत्यु-भय की तद्गत-स्वीकृति के कारण निराला आधुनिक चिन्ता के कवि ठहरते हैं और मृत्यु के ऊपर 'प्रभु' या जीवन की अनश्वरता का चित्र खींचनेवाले रवीन्द्रनाथ एक परम्पराबद्ध, पुराने मानस के कवि लगते हैं।

लेकिन धीरे-धीरे निराला फिर मृत्यु के इस सहज स्वीकार से 'प्रभु' की उसी तर्कातीत आस्था की ओर बढ़ते हुए दिखाई देने लगते हैं। इस रूप में वे अतिशय पुरातन और परम्पराबद्ध कवि लगते हैं। आंस्था और अनास्था के बीच की उनकी यह भटकन आधुनिक मनुष्य की सच्ची ट्रैजेडी का प्रतीक है, जिसके सामने कोई विकल्प नहीं रह गया है। न तो वह सम्पूर्णतः 'प्रभु' की आस्था को पकड़कर सुरक्षित बच जाने की मनःस्थिति को अपने आधुनिक मन के अनुकूल पाता है और न ही वह तर्काश्रित अनास्था को अपनाकर अस्तित्व के रहस्यों से भय-मुक्त हो पाता है। यहीं पर आकर निराला के इन शरणागति के गीतों को लेकर, मन

में उठा हुआ आश्चर्य समाप्त हो जाता है और उनकी वास्तविकता समझ में आने लगती है। सम्भवतः इसी नुक्ते-नज़र से निराला के शरणागति के गीतों का महत्त्व समझा जा सकता है। दरअसल निराला का सम्पूर्ण जीवन आधुनिक मनुष्य की जीवन-त्रासदी का प्रतीक है। उनके सारे निजी दुखान्त, आधुनिक संवेदनशील मनुष्य के दुखान्तों के प्रतीक बन जाते हैं। धीरे-धीरे उनके जीवन की व्यक्तिगत दुर्घटनाएँ झीनी पड़ती हुई तिरोहित हो जाती हैं और वे एक अमूर्त दुखान्त के प्रतीक के रूप में बाकी रह जाते हैं। उनकी आत्म-पराजय, उनका निरन्तर बना रहनेवाला आत्म-रक्षण, उनका 'नैश एकाकीपन,' उनका मृत्यु-भय और उनकी कारुणिक आत्म-जर्जरता—ये सभी आधुनिक मनुष्य की त्रासदी का रूप ले लेती है। जिसे अल्बेयर कामू मनुष्य की एक कुदान (leap) कहते हैं—वैसी ही कुदान निराला लेते हैं। मृत्यु के सहज-स्वीकार से अस्तित्व-विनाश से उत्पन्न, अनन्त भय के घटाटोप को फाड़कर वे जितनी बार बाहर निकलने की कोशिश करते हैं, शायद वह घटाटोप उन्हें फिर उसी तरह चारों ओर से घेरकर अपने अन्दर बन्द कर लेता है। इसी को निराला कभी 'घिर गए हैं मेह, प्रलय के प्रवर्षण,' कभी 'केवल छाया विशाल,' कभी 'गुहा-गर्त्त-प्राचीन रुद्ध' कहकर बार-बार व्यक्त करते हैं। भय की इसी अनिवार स्थिति से निराला प्रार्थना-भूमि पर उतरते हैं :

> शरण में मरण का मिट गया महादुख
> मिला आनन्द-पथ, पाथ, संसृति सजी।

❐

निराला के इन प्रार्थना-गीतों का गहराई से अध्ययन करने पर उनमें एक सूक्ष्म विकास-क्रम परिलक्षित होता है। प्रारम्भ में यह प्रार्थना एक प्रकार से अपने अन्धकार से मुक्ति के लिए है। दैन्य और हल्की करुणा की शुरुआत यहाँ दिखाई देती है। ये प्रार्थनाएँ बहुत कुछ अमूर्त हैं। कवि अपने आराध्य को टटोलता-सा नज़र आता है। उसकी आस्था स्पष्ट नहीं दिखाई देती। सांसारिक असफलता की प्रतिक्रिया के फलस्वरूप ही ये प्रार्थनाएँ प्रकाश में आई हैं। इनमें टूटकर शरण खोजने का भाव अभी उतना प्रबल नहीं है। इसके अतिरिक्त ये प्रार्थनाएँ अपनी ऊर्जस्वित काव्य-गरिमा को पुनः-पुनः उपलब्ध करने के लिए भी की गई हैं।

फिर धीरे-धीरे, उत्तरोत्तर शरणागति की गहनता शुरू होती है। यहाँ से आत्म-जर्जरता और दैन्य का प्राबल्य दिखाई देने लगता है। फिर पूर्ण शरण की प्रार्थनाएँ बार-बार लौट-लौट आती हैं। अन्ततः कवि को यह अनुभव होता है कि उसकी प्रार्थना सफल हुई है। इस अनुभूति के बाद उसका दैन्य, उसकी आत्म-जर्जरता, आत्म-क्षय की निरन्तर बनी रहनेवाली उसकी कारुणिक अनुभूति

धीरे-धीरे तिरोहित होने लगती है। और 'प्रभु' की अनन्त कृपा के प्रभाव से उत्पन्न अपने मन की स्नेहिल पावनता और निष्काम भाव का बड़ा ही भावमय वर्णन वह करता है। इसी भूमि पर आकर निराला परम्परागत भक्ति के विचार से अलग हो जाते हैं। अपनी मुक्ति के पश्चात् वे उस 'अखिल कारुणिक मंगल' का प्रसार सारी प्रकृति में, सारे जीवन और जगत में देखते हैं। यही नहीं, वे अपनी प्रार्थनाओं में भी बार-बार वरदान और आशीष सिर्फ़ अपने लिए ही नहीं माँगते। वे सारे 'जाति-जीवन की निरामयता' के आकांक्षी हैं। जहाँ वे 'सिर पर स्वर्गाशिप टूटने' की बात भी करते हैं, वहाँ भी सिर्फ़ वे अपने को ही आशीष-युक्त नहीं देखते, बल्कि सम्पूर्ण प्रकृति में उसका अनन्त प्रसार देखते हैं। इस प्रकार निराला अपने इन प्रपत्ति-भाव के गीतों में भी दैन्य, आत्म-क्षय, भय और कारुणिक जर्जरता से पुनः आस्था, विमुक्ति, आत्म-शक्ति, निष्कामता और निःसंशय मनःस्थिति की ओर लौटते हैं।

निराला की प्रारम्भिक प्रार्थनाएँ मुख्यतः अपने अँधेरे से मुक्ति की प्रार्थनाएँ हैं। लेकिन यहाँ भी कवि मात्र अपने निजी अन्धकार से ही मुक्ति की इच्छा नहीं व्यक्त करता। वह अन्धकार, वह जड़ नैराश्य जो सम्पूर्ण प्रकृति, सारे मानव जीवन, सारे राष्ट्र के जीवन को आच्छादित किए हुए है—उससे भी मुक्ति का इच्छुक है। वह सिर्फ अपने को ही नहीं, सारे संसार को ज्योतिर्मय देखना चाहता है। वह अपने निजी नैराश्य के अँधेरे से इतना टूटा हुआ नहीं है कि शेष सब कुछ से अपने को काट ले। इसीलिए शुरू में वह अक्सर सूर्य और उषा की प्रार्थना करता हुआ दिखाई देता है। 'परिमल' की 'प्रार्थना-1,' 'भर देते हो' और 'विस्मृत भोर' में प्रकाश की यही प्रार्थना व्यक्त हुई है। इसमें प्रार्थना के आवाहन और आशीर्वाद की प्राप्ति—ये दोनों अनुभूतियाँ व्यक्त हुई हैं। इन प्रार्थनाओं में कवि का भीतरी और बाहरी अन्धकार एकमेक हो गया है। इसीलिए मुक्ति की यह प्रार्थना निजी और सार्वजनिक—दोनों ही है :

(1) जग को ज्योतिर्मय कर दो !
प्रिय कोमल-पद-गामिनि ! मन्द उतर
जीवन्मृत तरु-तृण गुल्मों की पृथ्वी पर
हँस-हँस निज पथ आलोकित कर,

नूतन जीवन भर दो !—
जग को ज्योतिर्मय कर दो।

(2) भर देते हो,
बार-बार प्रिय करुण की किरणों से
क्षुब्ध हृदय को पुलकित कर देते हो।
अन्धकार में मेरा रोदन
सिक्त धरा के अंचल को करता है क्षण-क्षण
कुसुम-कपोलों पर वे लोल शिशिर-कण
तुम किरणों से अश्रु पोंछ लेते हो
नव प्रभाव जीवन में भर देते हो।

(3) जीवन की गति कुटिल अन्ध-तम-जाल
फँस जाता हूँ, तुम्हें नहीं पाता हूँ प्रिय,
आता हूँ पीछे डाल–
रश्मि-चमत्कृत स्वर्णालंकृत नवल प्रभात
हरित ज्योति-जल-भरित सरित, सर, प्रखर-प्रपात
बढ़ जाता–
प्रति-श्वास-शब्द-गति से उस ओर
जहाँ हाय, केवल श्रम, केवल श्रम
केवल अन्धकार, करना वन पार
मुझे फेर दो प्रभो, हेर दो
इन नयनों में भूला भोर।

यहाँ पहली बार 'प्रभो' सम्बोधन निराला की कविता में आया है। कविता अपने क्षेत्रों के सघन अँधेरे को फिर से प्रकाश से उद्‌भासित करने की प्रार्थना करता है। जीवन के 'कुटिल अन्ध-तम-जाल' में वह बार-बार घिर जाता है। उसे मालूम है कि इस अँधेरे से बाहर एक सुनहला नया प्रभात भी है; नदी, तालाब, झरने हरे-भरे जल से लबालब भरे हुए हैं। कवि इस कर्म-संकुल संसार में बार-बार इस प्रकाश को पीछे छोड़कर कठोर श्रम और असफलता के अँधेरे वन की ओर चला जाता है। जहाँ केवल 'हाय-हाय' मची है–दुख, विनाश, मृत्यु और कर्म-संकुलता का घनघोर अँधेरा–यहीं पर आकर कवि पुनः प्रकाश को लौटालने की प्रार्थना करता है। 'जीवन्मृत-तरु-तृण-गुल्मों' वाली माँ धरती के पग-पग पर फैले घने अँधेरे को 'ज्योतिः प्रपात' से नहला देने की प्रार्थना करता है। यहाँ आकर उसके और फूलों के कपोलों पर बिखरे आँसू अलग-अलग नहीं रह जाते। कवि अपने अँधेरे को

सम्पूर्ण पृथ्वी के अँधेरे से एकमेक कर देता है। उसे अन्ततः वह प्रकाश की किरण सम्पूर्ण जीवन-जगत, उसके सम्पूर्ण भीतरी-बाहरी अँधेरे को आलोकित करती हुई दिखाई देती है। प्रकाश की उज्ज्वल और पवित्र अनुभूति से घनीभूत—वह गद्गद, आत्म-तुष्ट और कृतज्ञ हो उठता है। उसे ऐसा नहीं लगता कि अँधेरे से मुक्ति सम्भव नहीं है। बावजूद इसके कि एक हल्का-सा दैन्य यहाँ से उसके अन्दर पनपता हुआ दिखाई देता है, अँधेरे से मुक्ति का आत्म-तोष और कृतज्ञता ही इन प्रार्थनाओं में अधिक व्यक्त हुई है। निराला के इन भक्ति-गीतों में प्रारम्भ से ही यह विशेषता दृष्टिगोचर होती है। उनकी प्रार्थना निजी होते हुए भी सार्वजनिकता की ओर सदा उन्मुख है।

❒

अँधेरे से मुक्ति के लिए सूर्य-प्रार्थना का यह क्रम 'परिमल' तक ही सीमित नहीं रहता। आगे चलकर 'आराधना' और 'अर्चना' में भी सूर्य-प्रार्थना के गीत दिखाई पड़ते हैं। यहाँ भी अपने स्वर-संगम को पुनः प्राप्त करने के लिए की जानेवाली प्रार्थना के साथ ही, सम्पूर्ण जीवन-जगत और प्रकृति को अन्धकार से मुक्त करने की प्रार्थना कवि ने की है। अन्दर और बाहर दोनों की जड़ता, नैराश्य, जर्जरता और अवसाद—एक ही साथ दूर हो जाएँ, यह उसकी उत्कट इच्छा है। उसके कृपा-भाव की माँग किसी व्यक्तिगत मोक्ष या शरणागति से ही परिचालित नहीं है। वह इन प्रार्थनाओं में उतना विरक्त और एकाकी भी नहीं दिखाई देता, जिससे वह अपने एकान्त आत्म-समर्पण द्वारा व्यक्तिगत मोक्ष की इच्छा जाहिर करे। अभी वह जीवन्तता और रचनात्मक ऊर्जा से भरा हुआ लगता है। बस, जैसे किसी बड़े पत्थर के सामने पड़ जाने से उसकी अबाध सृजन-धारा रुक गई है। वह उसे फिर से गतिवान बनाने के लिए व्याकुल है। इसीलिए वह बार-बार अपनी कविता को ओजस्वी बनाने के लिए, अपने 'हृदय-निकेतन को स्वरमय कर देने' के लिए प्रार्थना करता है। इसीलिए वह 'अन्धता में खोए हुए जीवन' पर किरणों का उत्थानमय स्पर्श पाने को व्याकुल है। जो प्रवाह, जो गीत, जो रचना-ऊर्जा रुक गई है, उसे सहज-प्रवाहित होने देने के लिए वरदान माँगता है :

(1) सविते, कविता को यह वर दो
हृदय-निकेतन स्वरमय कर दो।
एक दिवस के जीवन में जय
जरा - मरण - क्षय हो निःसंशय
जागे करुणा अक्षतपश्चय
काल एक को सुकराकर हो।

(2) तिमिरदारण मिहिर, दरसो।
ज्योति के कर अन्ध कारा–
गार जग का सजग परसो।

खो गया जीवन हमारा,
अन्धता से गत सहारा;
गात के सम्पात पर उत्थान
देकर प्राण बरसो।

क्षिप्रतर हो गति हमारी
खिले प्रति-कलि-कुसुम क्यारी,
सहज सौरभ से समीरण पर
सहस्त्रों किरण हरसो।

इसी को कवि 'खग को ज्योतिः पुंज प्रात' कहता है, कभी अपने लिए 'कविता के प्रपात' के रूप में तो कभी 'अविरत मारण-मरण हाथ' के रूप में माँगता है। इस तरह की प्रार्थनाओं में शरणागति का भाव अभी नहीं झलकता है। इसीलिए उसकी प्रार्थनाएँ अभी एक तरह से अरूप-अमूर्त हैं। सूर्य भी यहाँ परम्परागत सूर्य-देवता के रूप में नहीं आया है, बल्कि वह अमूर्त प्रकाश-देवता का प्रतीक ही अधिक है।

❐

प्रार्थना के इसी अमूर्त क्रम से निराला मातृ-वन्दना की मूर्त और उच्छल प्रार्थनाओं की ओर उन्मुख होते हैं। मातृ-वन्दना का यह प्रारम्भ 'परिमल' की 'आवाहन' कविता को माना जा सकता है। यह गीत सीधे-सीधे 'माँ काली' की प्रार्थना है। निराला ने स्वामी विवेकानन्द के एक गीत 'नाचुक ताहाते श्यामा' का अनुवाद भी किया है, जो 'अनामिका' में संग्रहीत है। 'आवाहन' में भी 'श्यामा' के नाचने का ही जिक्र आया है। इस गीत में निराला ने तान्त्रिक बिम्बों का बड़ा ही खूबसूरत प्रयोग किया है। 'मेखला-मुंड,' 'भैरव-भेरी', खड्ग और खप्परधारिणी काली का सजीव चित्र इन बिम्बों के भीतर से कवि ने खड़ा किया है। 'श्यामा' की प्रार्थना से सम्बन्धित एक और गीत 'अर्चना' में 'श्यामा-श्यामा के युगल पद' के रूप में मिलता है। अन्तर यही है कि यहाँ 'श्यामा' के साथ 'श्याम' के पदों की वन्दना भी कवि ने की है। निराला के सारे संग्रहों से मातृ-वन्दना के इन गीतों को एकत्र

करने के पश्चात् उनका अध्ययन करने पर मुझे उनके 'जननि' सम्बोधन में बहुत विविधता मिली। यह सिर्फ बंगाल की दुर्गा-पूजा या शक्ति की आराधना के प्रभाव-स्वरूप ग्रहण किया सम्बोधन मात्र नहीं है। यद्यपि यह भी सच है कि उनकी मातृ-वन्दना सम्बन्धी कई गीतों की प्रेरणा दुर्गा या शक्ति की आराधना से ही मिली है। लेकिन इस सम्बोधन के विविध रूप उनके इन गीतों में मुझे देखने को मिले। मातृ-वन्दना सम्बन्धी कई गीत तो सरस्वती की प्रार्थना से सम्बन्धित हैं। कई गीत ऐसे भी हैं जिनमें 'भारत-माता' की प्रार्थना की गई है। जैसा 'भारती, जय, विजय करे' में। इन विविधताओं के अतिरिक्त बहुत सारे मातृ-वन्दना के गीत ऐसे भी हैं जिनमें 'जननि' या 'माँ' सम्बोधन एकदम अमूर्त है। उसे किसी भी अर्थ में ग्रहण किया जा सकता है। जैसे 'अनगिनत आ गए शरण में जन, जननि,' 'प्रात तव द्वार पर,' 'माँ,' 'एक ही आशा में सब प्राण,' 'हे जननि, तुम तपश्चरिता' इत्यादि गीत। इस प्रकार निराला के मातृ-वन्दना सम्बन्धी गीतों को, अध्ययन की सुविधा के लिए निम्नलिखित उप-वर्गों में विभाजित किया जा सकता है :

1. दुर्गा या शक्ति की आराधना सम्बन्धी मातृ-वन्दनाएँ।
2. भारत-माता की प्रार्थना के रूप में लिखी गई मातृ-वन्दनाएँ।
3. सरस्वती की उपासना सम्बन्धी वन्दनाएँ।
4. सरस्वती और भारत-माता को एकमेक मानकर की गई प्रार्थनाएँ।
5. ऐसी मातृ-वन्दनाएँ जिनमें 'जननि' सम्बोधन बहुत कुछ अमूर्त है।

दुर्गा या शक्ति की आराधना सम्बन्धी मातृ-वन्दनाओं पर निश्चय ही बंगाल की शक्ति-पूजा का प्रभाव झलकता है। 'आवाहन' और 'नाचुक ताहाते श्यामा' के रचना-बन्ध में काफी-कुछ साम्य है और निराला की कोई मौलिकता इस कविता में नहीं झलकती। यह कविता विवेकाननद की कविता की छाया लगती है। लेकिन इसके अतिरिक्त जो मातृ-वन्दना सम्बन्धी गीत हैं उनमें भी 'जननि' सम्बोधन में शक्ति-पूजा की अनुप्रेरणा का होना सम्भव है। इस तरह के अमूर्त 'जननि' सम्बोधन को दुर्गा, भारत-माता या सरस्वती किसी भी पक्ष में आरोपित किया जा सकता है। दरअसल मुझे लगता है कि यह सम्बोधन निराला के पवित्र, भावमय और दैन्य-जर्जर मन की उपज है। उनके मस्तिष्क में किसी भी विशेष देवी की प्रार्थना इस सम्बोधन का साध्य नहीं है। वैसे निराला के भक्ति-सम्बोधनों में 'जननि' या 'माँ' का सम्बोधन बहुत महत्त्वपूर्ण है। उनके सारे भक्ति गीतों में लगभग 23-24 गीत सिर्फ इस 'जननि' सम्बोधन से ही अभिव्यक्त हुए हैं। 'गीतिका' के 13 भक्ति-गीतों में से 11 सिर्फ़ मातृ-वन्दना के ही गीत हैं। इन्हीं

अमूर्त प्रार्थनाओं से शरणागति की भूमि में निराला उतरते हैं। शरणागति की उच्छल, पवित्र भावना के शान्त आवेश का चित्रण यहीं से, इन्हीं गीतों से शुरू करते हैं :

(1) अनगिनत आ गए शरण में जन, जननि !
सुरभि सुमनावली खुली मधु-ऋतु अवनि !
स्नेह से पंक-उर हुए पंकज मधुर
उर्ध्व-दृग गगन में देखते मुक्त मणि !
बीत रे गई निशि, देख लख हँसी दिशि
अखिल के कंठ की उठी आनन्द-ध्वनि !

(2) सार्थके करो प्राण !
जननि, दुःख-अवनि को,
दुरित से दो त्राण !
स्पर्द्धान्ध जन, गात्र
जर्जर अहोरात्र
शेष - जीवन - मात्र
कुङमल गताघ्राण !

(3) दे, मैं करूँ वरण
जननि, दुःखहरण पद-राग-रंजित-मरण !
लांछना-इन्धन, हृदय तल जले अनल,
भक्ति नत-नयन मैं चलूँ अविरत सबल
पारकर जीवन प्रलाभन समुपकरण।

शरणागति की वही उच्छल तन्मयता इन उदाहरणों में व्यक्त हुई है। लेकिन मुक्ति और शरणागति की यह प्रार्थना भी एकदम व्यक्तिगत नहीं है। कवि प्रपत्ति-भाव में डूबकर सारी 'दुख-अवनि' के परित्राणं की प्रार्थना करता है। क्योंकि दुख-जर्जर वह अकेले ही नहीं है। यहीं पर निराला अपने निजी दुखान्तों और अपनी व्यक्तिगत विडम्बनाओं को पीछे डालकर एक सार्वजनिक मुक्ति की प्रार्थना करते हुए दिखाई देते हैं। मोक्ष या प्रपत्ति उनकी व्यक्तिगत उपलब्धि नहीं है। वे अपने साथ ही साथ सारे जीवन, सारे मनुष्यों तथा प्रकृति को मुक्त करने की प्रार्थना करते हैं। इसीलिए उनकी व्यक्तिगत प्रार्थनाएँ एक तरह की सार्वजनिक प्रार्थनाएँ हैं। इस रूप में निराला भक्ति की उस विचाराधारा से अलग दिखाई देने

लगते हैं जिसमें प्रभु के कृपा-भाव को भक्त की व्यक्तिगत ओर निजी उपलब्धि के रूप में चित्रित किया जाता रहा है। निराला की शरणागति यहीं आकर, परम्परा-विहित शरणागति नहीं रह जाती।

अपनी भयावह आत्म-जर्जरता और आत्म-क्षय के क्षणों की अनुभूति में डूबते हुए भी सार्वजनिक मुक्ति के प्रति उनकी इतनी सजगता आश्चर्य में डालती है। इसी रूप में यह लगता है कि बावजूद सारे दैन्य, सम्पूर्ण नैराश्य, गहरे कटाव और आत्म-क्षय के उनका संघटित रचनात्मक व्यक्तित्व कहीं से भी विखंडित नहीं हुआ है। लेकिन यही नहीं कि निराला आत्म-मुक्ति के साथ-साथ इस सार्वजनिक मोक्ष की प्रार्थना भर करके चुप हो जाते हैं—वे वरदान और आशीष की इस अनुभूति का पवित्र उच्छल और भावमय चित्रण भी करते हुए दिखाई देते हैं। अपनी प्रार्थना, अपनी निजी शरणागति का सार्वजनिक प्रतिफलन भी चित्रित करते हैं। उनकी शरणागति की रचनाओं में बार-बार इस सार्वजनिक मोक्ष के उल्लास को अभिव्यक्ति मिली है। आग चलकर हम देखेंगे कि अपनी अन्तिम शरणागति की उपलब्धि की अनुभूति के बाद निराला पुराने भक्तों की तरह उस 'अनामय विष्णु लोक' में विचरण करने का वर्णन नहीं करते, बल्कि इसी संसार को 'विष्णु-लोक' के रूप में चित्रित करते हैं :

इस सार्वजनिक मोक्ष की चर्चा वे अनुभव-मुक्ति के रूप में न करके जीवन-जगत की अद्‌भुत ऐश्वर्य-सम्पन्नता, उल्लास, सुख, रंगमयता, समृद्धि और आत्म-तोष के रूप में करते हैं। इस रूप में निराला को भक्त तो कहा जा सकता है लेकिन एक ऐसा भक्त, जो सांसारिकता से मुक्ति नहीं चाहता, बल्कि उसे और समृद्ध, पूर्ण, पवित्र और ऐश्वर्यमय देखना चाहता है। यहाँ आकर निराला ईसाई भक्तों के निकट लगने लगते हैं। सार्वजनिक मोक्ष के लिए प्रार्थना ईसाई मत की अपनी विशेषता है। लेकिन मेरे इस कथन का यह अर्थ नहीं निकाला जाना चाहिए कि निराला ने भक्ति सम्बन्धी विचार ईसाई मत के प्रभाव से ग्रहण किया। दरअसल उनकी सार्वजनिक मोक्ष की चिन्ता उनकी निजी रचनात्मकता का ही अंग है और चाहे वे कितने भी क्यों न टूट गए हों, उनके सम्पूर्ण काव्य-व्यक्तित्व के सन्दर्भ में यह स्वाभाविक और उचित लगती है। मेरे कहने का अर्थ केवल इतना ही है कि ईसाई भक्तों की सार्वजनिक मुक्ति के लिए की जानेवाली प्रार्थना-चेतना भी निराला की इसी प्रार्थना-चेतना के निकट पड़ती है।

इसीलिए निराला इन मातृ-वन्दनाओं में अपने 'प्राणों के सार्थक करने' की प्रार्थना करते हैं। पापों से वे सिर्फ़ निजी-मुक्ति के परित्राण की बात नहीं करते—बल्कि सारी 'दुख-अवनि' के परित्राण की चिन्ता उन्हें घेरे हुए हैं।

क्योंकि लोग स्पर्द्धा में अन्धे हो रहे हैं। पृथ्वी की जर्जरता दिनोंदिन बढ़ रही है। उसका सौन्दर्य, उसकी समृद्धि, उसकी सुगन्धि धीरे-धीरे क्षीण होती जा रही है। इसीलिए कवि पृथ्वी को इस पाप से मुक्ति दिलाकर उसकी समृद्धि, उसके सौन्दर्य को पुनरुज्जीवित करना चाहता है। उसे अनगिनत जन शरण में आते हुए दिखाई देते हैं। फिर इस सार्वजनिक शरणागति के उल्लास का चित्र कवि खड़ा करता है।—कीचड़ में सने हुए, पंक-लिप्त मन, कमल की तरह स्वच्छ-पवित्र हो गए; मुक्ति की मणि के प्रकाश को सभी ऊर्ध्व-दृग होकर देखने लगे; नैराश्य, दैन्य और दुख-जर्जरता की काली रात का अन्त हुआ; दिशाएँ मुक्ति के आलोक से नहा उठीं और सचराचर के कंठ से आनन्द का संगीत तरंगित हो उठा। आगे शरणागति की गहनता जैसे-जैसे कवि में बढ़ती गई है, हम देखेंगे, कि वह मोक्ष के इस सार्वजनीन उल्लास का चित्रण बार-बार लौट-लौटकर करता है।

लेकिन जहाँ इस सार्वजनीन मुक्ति की चिन्ता से कवि अलग है, वहाँ उसकी कारुणिक आत्म-जर्जरता ही अधिक अभिव्यक्त हुई है। ऐसी स्थितियों में ही मृत्यु के राग से रंजित 'जननि' के चरणों में मरण का वरण करने की प्रार्थना वह करता है। जितने अपमान हैं, जहर हैं, आत्म-पराजयें हैं; दुख, नैराश्य, एकाकीपन और क्षात्म-क्षरण है—सारी लांछना को इंधन की तरह जलाकर कवि अपने-आपको, अपने निजत्व को क्षार कर देना चाहता है। यहाँ तक कि जीवित रहने के मानवीय प्रलोभन से भी मुक्त होकर वह भक्ति-रत, माँ की शरण में तिरोहित हो जाना चाहता है। यह उत्कट नैराश्य के बाद की शान्त निरामयता है, निष्काम वृत्ति है, जहाँ भक्ति के अलावा कुछ भी शेष नहीं रह जाता। यहीं आकर वह अपने नेत्रों को पावन करने की प्रार्थना करता है। जिससे उसकी दृष्टि 'जननि' के कलुष-रहित, निरामय रूप का सदा अवलोकन करती रहे। वह 'सकल-शुभ-फलप्रद एक विधान' की माँग करता है, जिससे उसके जीवन के अशुभ भय-प्रद क्षणों का निवारण हो जाए; जिससे 'भय में हूँ तन्मय' के निचाट अनुभव से उसे मुक्ति मिल सके। उसे मालूम है कि उसकी यह प्रार्थना व्यर्थ नहीं जाएगी। क्योंकि 'जननि' के नयनों में अपार करुणा है, अनन्त दया है, असीम कृपा-भाव है। चाहे मार्ग में कोई आश्रय भले न हो, चाहे जितना बड़ा 'निर्दलन भय' हो, चाहे जीवन में मृत्यु की निश्चयता कितनी भी व्यापक क्यों न हो—'जननि' में अशरण-शरणा' हैं। वही उसे सुपथ पर ले जाएँगी; भय से मुक्त करेंगी; आत्म-क्षय का शमन करेंगी। क्योंकि वहीं पर मृत्यु का भी परिशमन है। क्योंकि वही मृत्यु-रूपा भी हैं। कवि जानता है कि जब कामना के हाथों छटपटा-छटपटाकर वह मृत्यु के गह्वर

में उतरेगा तो वहाँ पर भी 'माँ' की अनन्त कृपा से उसे शान्ति मिलेगी। उसका दुखान्त अन्ततः परिशमित होगा। उसे इस जीवन, रचना, आत्म-क्षय की अनन्त नरक-यात्रा से अन्ततः मुक्ति मिलगी :

(1) कामना के हाथ थक कर
रह गए मुख विमुख बक कर
चरण पर मस्तक झुका कर
शरण हूँ, तुम मरण-सरिता।

(2) माँ, अपने आलोक निखारो
नर को नरक-त्रास से वारो।
विपुल दिशावधि शून्य वर्गजन
व्याधि-शयन जर्जर मानव-मन
ज्ञान-गगन से निर्जर जीवन
करुणा-करों उतारो, तारो।

पल्लव में रस, सुरभि सुमन में
फल में दल, कलरव उपवन में
लाओ चारु-चयन चितवन में
स्वर्ग धरा के कर तुम धारो।

अपनी इस अनन्त नरक-यात्रा से मुक्ति की उच्छल प्रार्थना के बाद उपर्युक्त प्रार्थना में कवि का परिवर्तित मनोभाव देखने योग्य है। 'करुणा के करों पार उतरने के बाद,' आत्म-मुक्ति की प्रार्थना के बाद, तुरन्त कवि उस मुक्ति के आशीष का शुभ प्रतिफल चित्रित करता है, एक सार्वजनिक वरदान भी माँगता है। स्वर्ग को भी इस धरा पर उतारने का आशीर्वाद माँगता है। इस तरह निराला अपनी दैन्य-जर्जरता के उत्कट क्षणों में भी सार्वजनिक दुख को नहीं भूलते। यही उनकी प्रार्थना की सबसे बड़ी विशेषता है, जो उन्हें पूर्ववर्ती, परम्परागत भक्तों से अलग करती है।

'जननि' अथवा 'माँ' के सम्बोधन से कई गीत उन्होंने सरस्वती-वन्दना के भी लिखे हैं। इन गीतों में भी यदि एक ओर अपने लिए नए स्वर का वरदान कवि ने माँगा है तो दूसरी ओर सम्पूर्ण भारत के लिए 'नए अमृत-मन्त्र' की प्रार्थना की है। इस तरह ये गीत भी मात्र व्यक्तिगत नहीं हैं। 'अनामिका' की 'वीणावादिनी,' 'गीतिका' की 'वर दे', 'भारती' तथा 'सांध्य काकली' का अन्तिम गीत 'हाथ वीणा

समासीना' इसी क्रम-विकास के उदाहरण हैं। जहाँ पहले गीत में कवि अपने लिए शब्द-शक्ति का आशीर्वाद माँगता है, वहाँ दूसरे गीत में वही सरस्वती-प्रार्थना एक सार्वजनिक प्रार्थना में बदल गई है। कवि सम्पूर्ण राष्ट्र के आशीर्वाद के लिए यहाँ सरस्वती की प्रार्थना करता है। तीसरे गीत में 'सरस्वती' और 'भारत-माता' के बिम्ब को निराला ने एकमेक कर दिया है। यहाँ सिर्फ सर्व-विजयिनी माँ की अनन्त विजय की कामना करते हुए उनके पवित्र सौन्दर्य के चित्रण द्वारा कवि ने भारत का एक सांस्कृतिक चित्र उपस्थित किया है। वह कोई विशेष वरदान नहीं माँगता। उसे मालूम है कि माँ उस पर प्रसन्न हैं। उनकी कृपा उसे मिल चुकी है, उनका 'गर्गाशिष' उस पर टूटने ही वाला है। इसीलिए कवि यहाँ मुक्त-मन और निश्चिन्त है। वह सिर्फ़ उनके सौन्दर्य का वर्णन करता है—उनके 'शुभ्र हिम-तुषार मुकुट' उनके गले के 'धवल-धार हार' और प्राणों में गुंजायमान 'ओंकार' के सर्वान्त प्रसार की चर्चा करता है। एक विचित्र तथ्य यह भी है कि निराला ने अपने जीवन की अन्तिम कविता भी सरस्वती की आराधना में ही लिखी है। सरस्वती के इस महान आराधक ने अपने रचना-जीवन का अन्त, अन्ततः सरस्वती की प्रार्थना से किया। लेकिन इस अन्तिम प्रार्थना में तो दैन्य-जर्जरता, आत्म-पराजय और कारुणिक अवसान बिल्कुल ही नहीं है। एक शान्त आत्म-तोष का भाव है। मन की निरामय मुक्तावस्था के बीच जैसे कवि यह सरस्वती-प्रार्थना करता है। इस प्रार्थना में कहीं भी आवाहन, शरणागति की बलवती इच्छा या कृपा-भाव की प्राप्ति की मनःस्थिति व्यक्त नहीं हुई है। बल्कि इसकी जगह माँ सरस्वती के पवित्र, अनामय सौन्दर्य की चर्चा भर है। जैसे उस अनन्त सौन्दर्यशालिनी की छवि का दर्शन कवि अपने जीवन के अन्तिम दिनों में कर रहा है और श्रद्धा-गद्गद भाव से उसे शब्दों में बाँध रहा है :

हाथ वीणा, समासीना
विशद-वादन-रत प्रवीणा।

घिरे बादल गगन-मंडल,
तरल-तारक-नयन अविचल
तार के झंकृत सुकोमल
कराहत कर का सुखीना।

राग-सावन मनोभावन,
भामिनी के भवन पावन,

दीप्ति नयनों की सुहावन,
नाक का हिल रहा मीना।

इस कविता को रूप-दर्शन की संज्ञा दी जा सकती है। वीणा बजाती हुई सरस्वती की छवि का अंकन है। कवि अपने इस रूप-दर्शन में भी जिस राग की चर्चा करता है वह 'सावन' है। सावन कोई राग नहीं है लेकिन कवि की प्रियतम ऋतु का बिम्ब तो 'राग-सावन' ही है। वह 'घिरे बादल गगन-मंडल' कह कर अपनी रागिनी की पृष्ठभूमि संकेतित करता है। कवि का जीवन-बिम्ब जैसे फिर इस प्रार्थना के भीतर से लौटता हुआ लगता है। इसीलिए सरस्वती के सौन्दर्य-चित्रण और छवि-दर्शन में भी जैसे वह ऋतु-बिम्बों को ही लौटता हुआ पाता है। 'जननि' सम्बोधन से कुछ गीत निराला ने भारत-माता की प्रार्थना में भी लिखे हैं। 'नर जीवन के स्वार्थ सकल,' 'भारती जय, विजय करे, और 'जला दे जीर्ण-शीर्ण प्राचीन' इसी तरह के गीत हैं। इसमें माँ को मुक्त कराने और उनके सौन्दर्य का वर्णन है। कवि अपने जीवन का 'सकल-श्रेय-श्रम-संचित-फल' तथा 'क्लेद-युक्त-तन' देकर भी माँ को मुक्त कराने की पवित्र प्रतिज्ञा करता है। इस तरह निराला ने 'जननि' सम्बोधन को कई अर्थों में प्रयुक्त किया है। दरअसल इन प्रार्थनाओं में शरणागति का भाव अभी उतना गहन नहीं हो पाया है। ये प्रार्थनाएँ अनेक रूपों में उसके अन्तर्मन की पवित्र इच्छाएँ हैं जो आवाहन के रूप में अभिव्यक्त हुई हैं।

❐

लेकिन धीरे-धीरे इन मातृ-वन्दनाओं से कवि शरणागति की करुणा-जर्जर प्रार्थनाओं में उतरता है। शुरू का उसका अमूर्त 'देव,' 'प्रभु' या 'जननि' सम्बोधन, यहाँ अधिक मूर्त और सघन हो उठता है। अपने दलित, दुरितग्रस्त, एकाकी तथा भयार्त्त होने की अनुभूति बार-बार उसे घेरती है और वह शरण की कारुणिक प्रार्थनाओं पर उतर आता है। 'प्रभु' सम्बोधन के अतिरिक्त वह कृष्ण, राम, शिव, विष्णु, हरि और गंगा की प्रार्थनाएँ करता हुआ नजर आता है। इन सम्बोधनों में 'राम' के प्रति उसका समर्पण सर्वाधिक है। शायद दुख-हरण-त्राता के रूप में 'राम' का व्यक्तित्व उसे ज्यादा आकर्षित करता है। लेकिन यह सारे सम्बोधन अपने नाम के अर्थों में निराला के निकट बहुत महत्त्वपूर्ण नहीं हैं। ये सारे सम्बोधन अरूप अधिक हैं। वह सिर्फ 'प्रभु' हैं—अनामय, शक्तिमन्त, शरण-दाता—प्रभु, जिनकी प्रार्थना कवि इन सम्बोधनों के माध्यम से करता है। वही हज़ारों सांसारिक मृत्युओं के बाद शरण देंगे; वही सारी विषय-वासनाओं, सारे मायाजालों से मुक्त करेंगे—क्योंकि वही कामरूप हैं, वही अशरण-शरण हैं, विपदा-हरण-हरि हैं।

इसीलिए उन्हीं का रूप-दर्शन, उन्हीं का नाम-भजन श्रेयस्कर है। वही अन्तर-बाहर का सारा अन्धकार दूर करेंगे—सारी आत्म-पराजय, दुख-जर्जरता, एकाकीपन, और कारुणिक अवसन्नता का शमन वहीं, उन्हीं चरणों में समर्पित होने से होगा। इसीलिए कवि उन्हें 'तिमिर-हरण' तरणि-तरण, किरण-हरण हे !' कहता है। वहाँ अन्धकार और प्रकाश सभी का परिशमन है। वे सिर्फ 'तिमिर-हरण' ही नहीं 'किरण-हरण' भी हैं। इसीलिए निराला 'लोक-आलोक' दोनों के सन्तरण की बात अपनी प्रार्थनाओं में करते हैं। प्रभु के उस स्नेह-स्पर्श के आगे 'महत्तम मानुषेर परश' निराला के लिए बेकार-सा हो गया है। इसीलिए कवि उन्हें 'जय अजेय, अप्रमेय' कहता हुआ जब शिव, विष्णु, शंकर, कृष्ण और राम—इन नामों से सम्बोधित करता है तो वह यह कहना नहीं भूलता कि ये सब 'शतविध नामानुबन्ध' हैं—उसी अप्रमेय 'प्रभु' के भिन्न-भिन्न सम्बोधन हैं। सारी जल्पना, सारी बड़बोली, सारा काव्य, अन्तः संगीत, आत्म-साक्षात्कार; सारे दुखान्त, सारी विडम्बनाएँ, सारे विचार—वहीं, उन्हीं चरणों में जाकर परिशमित हो जाते हैं। यह मौन की चरम महिमा है; प्रभु के कृपाभाव की चरम उपलब्धि है। शरणागति की अप्रमेयावस्था है—पूर्ण प्रपत्ति-भाव है, जिसकी उच्छल प्रार्थनाएँ निराला अपने रचना-जीवन के शुरू से ही करते हुए दिखाई देते हैं। 'डोलती नाव, प्रखर है धार' में जो कारुणिक आवाहन व्यक्त हुआ था, उसी की अन्तिम परिणति 'सलिल-सार-ओ !' में होती है। प्रपत्ति की इसी पूर्ण मनःस्थिति में बार-बार अपनी दुख-जर्जरता, अपने नैश एकाकी क्षण का उल्लास करता हुआ कवि शरण की प्रार्थना करता है :

(1) चलता नहीं हाथ
कोई नहीं साथ
उन्नत, विनत माथ
दो शरण दोषरण !

(2) दुरित दूर करो नाथ !
अशरण हूँ गहो हाथ
हार गया जीवन-रण,
छोड़ गए साथी-जन,
एकाकी, नैश-क्षण
कंटक-पथ, विगत-पाथ

(3) उन चरणों में मुझे दो शरण।
इस जीवन का करो हे, मरण।

आगे-पीछे दायें-बायें
जो आये थे, वे हट जायें
उठे सृष्टि से दृष्टि, सहज मैं
करूँ लोक-अलोक सन्तरण।

(4) दलित जन पर करो करुणा।
दीनता पर उतर आए
प्रभु, तुम्हारी शक्ति अरुणा।

देख वैभव न हो नत सिर
समुद्धत मन सदा स्थिर
पार कर जीवन निरन्तर
रहे बहती भक्ति-वरुणा।

(5) जगज्जाल छाया,
माया ही माया,
सूझता नहीं है पथ
अन्धकार आया;
तिमिर-भेद शर दो।

(6) विपुल काम के जाल बिछा कर
जीते हैं जन, मन को खा कर
रहूँ कहाँ मैं ठौर न पाकर
माया का संहार करो हे !

❐

लेकिन इस पूर्ण प्रपत्ति, इस आकुल जर्जरता की मनोदशा में शरणागति की करुण प्रार्थना फिर सिर्फ निजी मुक्ति में ही समाप्त नहीं होती। मैं पीछे भी इसका जिक्र कर आया हूँ। निराला अपनी मुक्तावस्था के साथ सार्वजनिक मुक्ति को जोड़ना कभी नहीं भूलते। अवसाद, भय, आत्म-क्षय के परिशमन के बाद वे फिर इस

आत्म-मुक्ति से आगे बढ़ते हैं। जिस तरह अपनी मातृ-प्रार्थनाओं में वे अनगिनत जन के शरण में आने के बाद 'मधु-ऋतु-अवनि' के खुलने की चर्चा करते हैं, उसी तरह यहाँ, इन गहन प्रार्थनाओं और निजी शरणागति के पूर्ण क्षणों में भी उस 'मधु-ऋतु-अवनि' या उस 'अनगिनत जन' को नहीं भूलते। अपनी इस धारणा के कारण वे भक्ति की परम्परागत अराधना से अलग हो जाते हैं। क्योंकि अपनी सेवा प्रभु के चरणों में प्रस्तुत करते हुए वे सिर्फ अपने ही नहीं, सारे मानव-मन के भ्रमजाल को काटने की प्रार्थना करते हैं। क्योंकि लोग दिग्भ्रमित हैं, स्वार्थान्ध हैं, स्पर्द्धा-गर्त में गिरे हुए एक-दूसरे को खा-खाकर जी रहे हैं, मारे-मारे फिर रहे हैं। अगर कवि आत्म-क्षय से पीड़ित है, दुख-जर्जर है, 'नैश-एकाकी क्षणों' के 'भय में तन्मय' है तो सारा मानव-मन भी इसी 'जगज्जाल' की भयावह छाया से घिरा हुआ है। यदि कवि को तिमिर वेधने के लिए प्रकाश-शरों की जरूरत है तो इस समग्र मानव-जाति को भी है। क्योंकि निराला कभी भी अपने को जन-साधारण से पृथक करके नहीं देखते। इसीलिए वे अपनी आत्म-बलि लेने को प्रस्तुत हो जाते हैं। इसीलिए वे 'उन्हें प्राण दो, मुझे हरो हे !' की त्यागभूमि पर उतर आते हैं। क्योंकि उन्हें पूर्ण प्रपत्ति में डूबने पर यह उच्छल आत्म-विश्वास जग उठा है कि प्रभु की अनन्त कृपा से ही यह पृथ्वी, यह मानव-मन हराभरा पूर्ण, समृद्ध और आनन्दमय होगा। उसी से गृह-वन, नदी, समुद्र सभी प्रकाशमान हो उठेंगे। अँधेरे की कड़ी टूटेगी; सिर पर स्वर्गाशिष टूटेगी। वरदान, शरण या प्रभु की कृपा से मिलनेवाले इस स्वर्गाशिष की प्रार्थना ही नहीं करता कवि, बल्कि उस अनामय उपलब्धि को चित्रित भी करता है। प्रार्थना और उसके प्रतिफलन का यह चित्रण ही निराला को एक अपरम्परित भक्त-कवि के रूप में प्रतिष्ठित करता है :

(1) बहुत तुम्हारे मारे मारे
फिरते हैं हारे बेचारे,
चेतन मधु-गन्ध के सहारे
उन्हें प्राण दो, मुझे हरो हे !

(2) तुम्हीं से ऋतु घूमती है,
नए कलि-दल चूमती है,
नए आसव झूमती है,
नए गीतों, नए नर्तन।

(3) खुल अन्तःकिरण सुन्दर,
दिखे गृह, वन, सरित, सागर,
हँसे खुलकर हार-बाहर,
अजन-जन के बने मंगल।

(4) छूते ही कनक-किरन फूटेगी,
कड़ी अँधेरे की टूटेगी,
उर से कठिन भीति छूटेगी,
मूँदा कमल खिलाओ—
अमृत के घूँट पिलाओ।

(5) प्रात धवल-कलि गात निरामय
मधु - मकरन्द - गन्ध - विशदाशय
सुमन-सुमन, वन-वन, अमरण-क्षय,
सिर पर स्वर्गाशिष टूटी है

मुक्ति के सुख का यही निरामय वर्णन शरणागति के गीतों की अपनी विशेषता है। सभी दिशाओं में उसी की अन्तःकिरण खुल जाती है। हँसी के उजले प्रकाश में पृथ्वी के सारे दुखों का परिशमन हो जाता है। हृदय का कठिन भय धीरे-धीरे तिरोहित हो जाता है और मन निःसंशय और मुक्त होकर नया रूप धारण करता है। एक शाश्वत सौन्दर्य, सुख और अप्रमेय आनन्द की भावना से सारी सृष्टि आलोकित हो उठती है। आत्म-मुक्ति और सार्वजनिक, सार्वभौमिक मुक्ति के समन्वित आनन्द की यही अभिव्यक्ति निम्नलिखित कविता में अद्वितीय रूप में प्रतिफलित हुई है :

तार-तार निकल गये
देखा जब नये-नये !

तड़के जो गठे बन्द,
काँपा उर मधुर छन्द,
गूँजी ध्वनि मन्द-मन्द
देह हुई शिथिल अये !

आँखों की खुली गली,
मिली कलित गन्ध कली,
भीतर जो रही छली,
अंग सुरभि-रंग छये।

बन्द हो गया प्रलाप,
प्रशमित हो गया ताप,
धुला-धुला मिला पाप,
किरण-मुखर मुख उनये।

मुक्ति के सुख का अभूतपूर्व वर्णन यहाँ निराला ने किया है। सारा मनस्ताप, सारे संशय, आत्म-क्षय मिट गए। सुख की धीमी-धीमी अनुभूति में अचानक लगा कि देह शिथिल हो गई। यहाँ शिथिल होने में थकान का भाव उतना नहीं, जितना तनाव-रहितता का। इस तनाव-रहितता पर कवि को जैसे आश्चर्य होता है। क्योंकि उसे एकाएक यह बड़ा विचित्र लगता है। प्रभु की कृपा से यह जो जीवन भर की दुख-जर्जरता समाप्त हो गई—यह आश्चर्यजनक है ! इसीलिए कवि 'अये !' का प्रयोग करता है। यह तो अभूतपूर्व है, अननुभूत है। आखिर यह सम्भव हो ही गया। डर की कठिन भीति छूट ही गई। वृद्ध शरीर और दुख-जर्जर मन को अन्ततः उस अप्रमेय आनन्द की अनुभूति मिल ही गई। हृदय में फिर नए स्वर का, नए छन्द का संचार हुआ। आँखों के कपाट जो बन्द हो गए थे, चारों ओर जो घोर अन्धकार और 'प्रलय के प्रवर्षण मेह' घहरा-घहराकर गरज रहे थे, वे न जाने कहाँ लुप्त हो गए। आँखों का नीला आकाश धुलकर निखर आया। मन की अन्तःकिरण क्या फूटी, भीतर जो कली थी वह भी सुगन्धि से छटपटा उठी। यह कैसा अनुभव है ! अभी तक मन कैसे दिग्भ्रमित था ! उसे क्यों नहीं मालूम था कि वह छली सुगन्धि तो उसके भीतर ही थी। कवि इस भेद के खुलते ही जैसे आनन्द-मग्न होकर कहता है—वह छली सुगन्धि अपने रंगों से सारे अंगों में छा गई। सुगन्धि और वह भी रंगीन—कवि इस बिम्ब में अपने आनन्द को बाँधना चाहता है। जैसे सिर्फ सुगन्धि कह देने से वह उस सुख की सम्पूर्ण अभिव्यक्ति नहीं दे सकता। इसीलिए वह 'सुरभि-रंग' का बिम्ब रचता है। यही नहीं, सुख की यह मौन अनुभूति उसे अभिव्यक्त के लिए और भी व्याकुल करती है। वह समझता है कि शब्दार्थ से, मौन की सनातन गुफा में उसका धीरे-धीरे यह तिरोहित होना अकारण नहीं है। वही उसकी नियति है—उसके जीवन और उसकी रचना-सम्पूर्णता की नियति। इसीलिए उसे पाप के भी धुले होने की अनुभूति होती

है। अपने इसी 'ऊर्ध्वमुख किरण-मुखर मुख' से कवि शरणागति का वरण करता है। समय के घेरे अन्धकार में यही 'किरण-मुखर-मुख' निराला के सम्पूर्ण काव्य-व्यक्तित्व का प्रतीक चित्र है :

कंठ-स्वर में तुम्हारे, कवि,
एक-ऋतुओं के विहँसते सूर्य
काल में (तम घोर)।

(शमशेर बहादुर सिंह)

❐

निराला के इन प्रपत्ति-भाव के गीतों की अनुप्रेरणा और उसके विवेचन-विश्लेषण के बाद एक सवाल अक्सर मन में कौंधता रहता है कि सम्पूर्ण भारतीय भक्ति और शरणागति की परम्परा में निराला को कहाँ रखा जा सकता है ? उनका स्थान क्या है ? क्या उनकी रचनाएँ परम्परागत भक्ति के सिद्धान्तों के अनुकरण-स्थापन के आधार पर लिखी गई हैं ? क्या उनकी प्रार्थनाओं में 'पातक-भाव' वही है, जो तुलसी, सूर या अन्य भक्त कवियों की प्रार्थनाओं में मिलता है ? क्या निराला ने भक्ति के परम्परागत सिद्धान्तों का पिष्ट-पेषण किया है अथवा उनकी कोई निजी मौलिकता है ? इन सारे सवालों पर जवाब हम उनके प्रपत्ति-भाव के गीतों के सन्दर्भ में विचार करते हैं तो कुछ निष्कर्ष सामने आते हैं। उन्हें यहाँ रखने से पहले कुछ अन्य बातों की चर्चा भी जरूरी है, जो इसी से सम्बन्धित हैं।

सम्भवतः भक्ति-साहित्य और भक्ति-दर्शन की अपनी विराट परम्परा का यह अभिज्ञान निराला का भी है। उनके मन में कभी-कभी यह सवाल कौंधता है कि भक्तों की लोकप्रिय प्रार्थनाओं की तुलना में उनके प्रार्थना-गीत कहाँ ठहरेंगे ? अपने मन की इस चिन्ता, दुविधा और प्रश्नाहतता को निराला ने एक भक्त-सरीखी विनम्रता से ही 'अर्चना' की भूमिका में संकेतित किया है—'अन्तरंग विषय' ('अर्चना' के गीतों का) यौवन से अतिक्रान्त कवि के परलोक से सम्बद्ध है, इसीलिए यहाँ सम्मति का फल निष्काम में ही होगा। रस-सिद्धि की पड़ताल कीजिएगा तो कहना होगा कि हिन्दी के भाषा-साहित्य में ज्ञानी और भक्त कवियों की पंक्ति बैठी हुई है, जिनकी रचनाएँ साधारण-जनों के जिह्वाग्र से अमृत की धारा बहा चुकी हैं, ऐसी अवस्था में लोकप्रियता की सफलता दुराशा मात्र है' ('अर्चना' स्वयोक्ति)।

❐

निराला की इस 'स्वयोक्ति' में दो-तीन संकेत निहित हैं। पहले तो यह कवि भी

मानता है कि यह एक आत्म-जर्जर, परिसमाप्त व्यक्ति की प्रार्थनाएँ हैं, जो यौवन से अतिक्रान्त है और सम्पूर्ण मन से प्रपत्ति की भूमिका में उपस्थित है। दूसरे वह यह भी नहीं चाहता कि उसकी इन कविताओं की रस-सिद्धि की पड़ताल की जाए। क्योंकि ऐसा करने पर भक्त-कवियों के आगे की प्रार्थनाओं की महत्ता नगण्य साबित होगी। यह शायद भक्त-निराला की विनम्रता बोल रही है; मैं इससे व्यक्तिगत रूप से सहमत नहीं हूँ। इसी मनःस्थिति में निराला ने आगे इन गीतों की उपलब्धि सिर्फ मंगल ('भाव कुभाव अलख आलसहूँ, राम जपत मंगल दिसि दसहूँ') की सार्वभौमिक कामना माना है। यह ठीक है कि निराला इन प्रार्थनाओं की उपलब्धि एक सार्वजनिक मंगल मानते हैं, लेकिन यहीं आकर वे तुलसीदास की इस उक्ति के अभिधार्थ से अलग भी हो जाते हैं। क्योंकि अपनी प्रार्थनाओं में वे भाव-कुभाव से सिर्फ राम को जपते ही नहीं, उनकी कृपा-प्राप्ति के सार्वजनीन प्रतिफल को अत्यन्त गद्गद और तन्मय भाव से व्यक्त भी करते हैं। सूर या तुलसी यह नहीं करते। वे प्रभु-कृपा के अनन्त सर्वव्यापी प्रसाद के सार्वजनिक आनन्द के भौतिक प्रतिफलन का चित्रण कभी नहीं करते। उन्हें पाप के धुले होने की अनुभूति कभी नहीं होती। वे निजी पवित्रता और निजी सुख का तो चित्रण कर सकते हैं, लेकिन उस एक सार्वजनिक आनन्द की अनुभूति के रूप में चित्रण कभी नहीं कर सकते—नहीं करते। निराला की तरह प्रभु से वे 'उन्हें प्राण दो, मुझे हरो हे' की प्रार्थना कभी नहीं करते। शायद स्वामी रामकृष्ण परमहंस के आत्म-योग से सार्वजनिक सेवावृत्ति में, मनुष्य या संन्यासी के उतरन की प्रक्रिया का अन्तरंग प्रभाव निराला की इस मनःस्थिति पर हो—जहाँ वे अपनी सारी व्यक्तिगत दुख-जर्जरता से छुटकारा पाने के लिए आत्म-मुक्ति की व्यक्तिगत प्रार्थना करते हुए भी तुरन्त एक सार्वजनिक मोक्ष की चिन्ता पर उतर आते हैं। इसीलिए मैं कहता हूँ कि निराला बावजूद निजी प्रपत्ति के, आत्म-मुमुक्षु की चिन्ता के, अपनी सार्वजनिक मुक्ति की चिन्ता के कारण भक्ति की परम्परा से किंचित अलग दिखाई देते हैं। उनका परलोक भी इसी लोक के भीतर है। वह अलग से कृपा-भाव की प्राप्ति के द्वारा भक्तों के 'अनामय विष्णु लोक' के रूप में उसे पाने की चेष्टा नहीं करते। इसीलिए वे 'स्वर्ग को धरा पर उतारने' या 'सिर पर स्वर्गाशिष टूटने' की बात भी करते हैं। इसीलिए उनका 'पातक-भाव' सूरदास के 'मैं पतित, तुम पतित-पावन' से अलग है। निराला 'बानक बिठाने की परिकल्पना कहीं नहीं करते। भक्ति की गद्गद और कारुणिक मनःस्थिति में 'प्रभु' से उक्ति-वैचित्र्य का यह अवसर निराला के सामने नहीं है। इसीलिए 'बानक बनन' की खोज में निराला अपने प्रार्थना-गीतों में कहीं नहीं हैं। इसीलिए उनकी

प्रार्थनाओं में सम्प्रदायबद्ध भक्त कवियों से सघनता, तन्मयता और आत्म-मुखरता अधिक है। निराला का यह कथन भी सच नहीं लगता कि सन्तों और भक्तों की रचनाओं के आगे उनकी रचनाओं की सफलता एक दुराशा मात्र है। दरअसल लोगों का ध्यान अभी उनके भक्ति-गीतों की ओर गया ही नहीं है। दूसरे, निराला के आलोचक भी उनके भक्ति-काव्य को भक्ति का पिष्ट-पेषण मानकर विश्लेषण करते रहे हैं।

वैसे भक्ति के सनातन-सिद्धान्तों के सन्दर्भ में निराला के गीतों को देखा-परखा जाए तो मोटे-मोटे रूप में भक्ति के सारे सिद्धान्त और सारी विशेषताएँ उनके इन गीतों में मिल जाएँगी। क्योंकि प्रपत्ति का एक सूक्ष्म तार तो हर जगह जुड़ा ही है। कोई भी शास्त्रीय आलोचक उनके भक्ति गीतों में शरणागति के छहों क्रमों—आनुकूलस्य संकल्पः, प्रातिकूलस्य वर्जनम्, रक्षयिष्यतीति विश्वासः, गोप्तृत्व-वरणम्, आत्म-निक्षेप और कार्पण्यम्—'नारद पंचारात्र') को आसानी से ढूँढ़ सकता है और उनके उदाहरण भी उनकी रचनाओं से दे सकता है। उसे 'पोषणम् तदनुग्रहः' वाली 'भागवत' की उक्ति भी निराला के गीतों में चरितार्थ होती हुई दिखाई दे सकती है। यदि वह और भी पीछे जाए तो उसे निराला की इन प्रार्थनाओं में ऋग्वेद संहिता का यह मन्त्र भी ध्वनित होता हुआ सुनाई पड़ सकता है :

य आपिर्नित्यं वरुण प्रियः सन्
त्वामागांसि कृणवत् सखा ते।
मा त एनस्वन्तो याक्षिन भुजेम
यन्धि ष्मा विप्रः स्तुवथे वरुथन् ॥

(मैं तुम्हारा आप्त प्रियजन हूँ। मैंने तुम्हारे प्रति अनेक पाप किए हैं। इन पापों को क्षमा कर मुझे अपनी मित्रता प्रदान करो। हे यक्षिन् ! हे अद्वितीय-विचित्र कर्मों के उद्भावक, मेरे पापों को दूर करो, जिससे अपराध भाव से ग्रस्त मैं अपना ही भोजन न करूँ, आत्म-भक्षण में प्रवृत्त न हो जाऊँ। हे वरुण, तुम बुद्धिमान हो, इस प्रार्थी को अशुभ-निवारक वर दो।)

लेकिन सच यह है कि निराला के इन भक्ति-गीतों में किसी भक्ति-सिद्धान्त को सचेत रूप से समाहित करने की चेष्टा नहीं है। उनकी प्रार्थनाओं को किसी भी मतवाद में 'फिट-इन' करना उचित नहीं है। वे उनके अन्तर-बाह्य के अनन्त दुखान्तों का प्रतिफलन हैं; उनके आत्म-साक्षात्कार की सहज अभिव्यक्तियाँ हैं। इसीलिए उनका 'दुरित' भी पवित्रता की अनुभूति से मंडित है। मृत्यु के भयावह अँधेरे में उतरते हुए टटोलते-टटोलते उन्हें अशरण-शरण उन चरणों का स्पर्श हुआ

है। मृत्यु के सहज-स्वीकार के द्वारा भय-मुक्त होने की प्रक्रिया में ही वे निरामय प्रपत्ति-भाव में उतरते हैं। दरअसल उनकी भक्ति भी आधुनिक मनुष्य की आस्था-अनास्था की विडम्बनापूर्ण, द्विधाग्रस्त मनःस्थिति का प्रतिफलन है। इसीलिए वे भक्तों की पूरी परम्परा से अलग होकर प्रार्थना की व्यर्थता की बात भी करते हैं। उनके भक्ति-गीतों की सही व्याख्या दरअसल इसी दृष्टिकोण से सम्भव है :

किये उपाय सैकड़ों तन के,
मन के; चारण मिले सज्जन के;
व्यर्थ प्रार्थना जैसे अब है

–**दूधनाथ सिंह**

दो शरण

भर देते हो

भर देते हो
बार-बार प्रिय, करुणा की किरणों से
क्षुब्ध हृदय को पुलकित कर देते हो।
मेरे अन्तर में आते हो देव निरन्तर,
कर जाते हो व्यथा-भार लघु
बार-बार कर-कंज बढ़ाकर;
अन्धकार में मेरा रोदन
सिक्त धरा के अंचल को
करता है क्षण-क्षण–
कुसुम-कपोलों पर वे लोल शिशिर-कण;
तुम किरणों से अश्रु पोंछ लेते हो,
नव प्रभात जीवन में भर देते हो।

●

प्रार्थना

जीवन प्रात-समीकरण-सा लघु
विचरण-निरत करो।
तरु-तोरण-तृण-तृण की कविता
छवि-मधु-सुरभि भरो।
अंचल-सा न करो चंचल,
झण-भंगुर,
नत नयनों में स्थिर दो बल,
अविचल उर;
स्वर-सा कर दो अविनश्वर,
ईश्वर-मज्जित
शुचि चन्दन-वन्दन-सुन्दर,
मन्दर-सज्जित;
मेरे गगन-मगन मन में अयि
किरणमयी, विचरो—
तरु-तोरण-तृण-तृण की कविता
छवि-मधु-सुरभि भरो।

●

खेवा

डोलती नाव, प्रखर है धार,
सँभालो जीवन-खेवनहार !
तिर तिर फिर फिर
प्रबल तरंगों में
घिरती है,
डोले पग जल पर
डगमग डगमग
फिरती है,
टूट गयी पतवार—
जीवन-खेवनहार—
भय में हूँ तन्मय
धरधर कम्पन
तन्मयता,
छन-छन में
बढ़ती ही जाती है
अतिशयता,
पारावार अपार,
जीवन-खेवनहार !

●

नर-जीवन के स्वार्थ सकल

नर-जीवन के स्वार्थ सकल
बलि हों तेरे चरणों पर, माँ,
मेरे श्रम-संचित सब फल

जीवन के रथ पर चढ़कर,
सदा मृत्यु-पथ पर बढ़कर,
महाकाल के खरतर शर सह
सकूँ, मुझे तू कर दृढ़तर;
जागे मेरे उर में तेरी
मूर्ति अश्रुजल-धौत विमल,
दृग-जल से पा बल, बलि कर दूँ
जननि, जन्म-श्रम-संचित फल

बाधाएँ आयें तन पर,
देखूँ, तुझे नयन-मन भर,
मुझे देख तू सजल दृगों से
अपलक, उर के शतदल पर;
क्लेदयुक्त अपना तन दूँगा,
मुक्त करूँगा तुझे अटल
तेरे चरणों पर देकर बलि
सकल श्रेय–श्रम संचित फल।

●

वर दे, वीणावादिनि वरदे !

वर दे, वीणावादिनि वरदे !
प्रिय स्वतन्त्र-रव अमृत-मन्त्र नव
भारत में भर दे !

काट अन्ध-उर के बन्धन-स्तर
बहा जननि, ज्योतिर्मय निर्झर;
कलुष-भेद-तम हर प्रकाश भर
जगमग जग कर दे !

नव गति, नव लय, ताल-छन्द नव,
नवल कण्ठ, नव जलद-मन्द्र रव;
नव नभ के नव विहग-वृन्द को
नव पर, नव स्वर दे !

●

मन चंचल न करो !

मन चंचल न करो !
प्रतिपल अंचल से पुलकित कर
केवल हरो, --हरो--(मन...)

तुम्हें खोजता मैं निर्जन में
भटकूँ जब घन जीवन-वन में
भेद गहनतम मनोगगन में
ज्योतिर्मयि उतरो !

मुँदे पलक जब निशाशयन में,
लगे प्रबल मन कल्प-वयन में,
मिला उसे तुम मोह-अयन में
स्वप्न-स्वरूप धरो !

तुम्हीं रहो, मिल जाय जगत सब
एक तत्त्व में, ज्यों भव-कलरव,
ज्योत्स्नामयि, तम को किरणासव
पिला, मिला उर लो !

●

पावन करो नयन !

पावन करो नयन !

रश्मि, नभ-नील-पर,
सतत शत रूप धर,
विश्व-छवि में उतर,
लघु-कर करो चयन !

पतनु, शरदिन्दु-वर,
पद्म-जल-विन्दु पर,
स्वप्न-जागृति सुघर,
दुख-निशि करो शयन !

●

अनगिनित आ गये शरण में

अनगिनित आ गये शरण में जन, जननि,—
सुरभि-सुमनावली खुली, मधुऋतु अवनि !

स्नेह से पंक-उर
हुए पंकज मधुर,
ऊर्ध्व-दृग गगन में
देखते मुक्ति-मणि !

बीत रे गयी निशि,
देश लख हँसी दिशि,
अखिल के कण्ठ की
उठी आनन्द-ध्वनि !

●

दे, मैं करूँ वरण

दे, मैं करूँ वरण
जननि, दुखहरण पद-राग-रंजित मरण।

भीरुता के बँधे पाश सब छिन्न हों,
मार्ग के रोध विश्वास से भिन्न हों,
आज्ञा, जननि, दिवस-निशि करूँ अनुसरण।

लांछना इन्धन, हृदय-तल जले अनल,
भक्ति-नत-नयन मैं चलूँ अविरत सबल
पारकर जीवन-प्रलोभन समुपकरण।

प्राण-संघात के सिन्धु के तीर मैं
गिनता रहूँगा न कितने तरंग हैं,
धीर मैं ज्यों समीरण करूँगा तरण।

●

सार्थक करो प्राण

सार्थक करो प्राण।
जननि, दुख-अवनि को
दुरित से दो त्राण !

:

स्पर्द्धान्ध जन, गात्र
जर्जर अहोरात्र,
शेष-जीवन-मात्र,
कुड्मल गताघ्राण।

चेतनाहीन मन
मानता स्वार्थ धन,
द्रष्ट ज्यों हो सुमन,
छिद्र-शत तनु-यान !

आयी परम्परा—
'जीत लूँगा धरा';
धृत-विश्व-वर-करा
अजया, गया ज्ञान।

●

निशि-दिन तन

निशि-दिन तन धूलि में मलिन;
क्षीण हुआ छन-छन मन छिन-छिन।

ज्योति में न लगती रे रेणु;
श्रुति-कटु स्वर नहीं वहाँ,
वह अछिद्र वेणु;
चाहता, बनूँ उस पग-पायल की रिन-रिन।

व्यर्थ हुआ जीवन यह भार;
देखा संसार, वस्तु
वस्तुतः असार;
भ्रम में जो दिया, ज्ञान में लो तुम गिन-गिन।

●

बन्दूँ पद सुन्दर तव

बन्दूँ पद सुन्दर तव;
छन्द नवल स्वर-गौरव।

जननि, जनक-जननि-जननि'
जन्मभूमि-भाषे !
जागो, नव अम्बर-भर,
ज्योतिस्तर-वासे !
उठे स्वरोर्मियों-मुखर
दिक्कुमारिका-पिक-रव।

दृग-दृग को रंचित कर
अंजन भर दो भर।–
बिंधें प्राण पंचबाण
के भी, परिचय-शर।
दृग-दृग की बँधी सुछबि
बाँधें सचराचर भव !

●

जला दे जीर्ण-शीर्ण प्राचीन

जला दे जीर्ण-शीर्ण प्राचीन;
क्या करूँगा तन जीवन-हीन ?
माँ, तू भारत की पृथ्वी पर
उतर रूपमय माया तन धर,
देवव्रत नरवर पैदा कर,
फैला शक्ति नवीन–

फिर उनके मानस-शतदल पर
अपने चारु चरणयुग रख कर,
खिला जगत तू अपनी छवि में
दिव्य ज्योति हो लीन !

●

धन्य कर दे माँ

धन्य कर दे माँ, वन्य प्रसून;
दिखा जग ज्योतिर्मय, मुख चूम।

दलों के दृग कलिका के बन्द,
भर गयी पर उर में मृदु गन्ध,
कृपामयि, मलय बहा दे मन्द,
वन्दना करे छन्द में झूम।

तारकोज्ज्वल हीरक-हिम-हार
गगन से पहना दे कर प्यार,
सजा दे, प्रिय-पथ पर प्रतिवार
लजाती रहे स्नेह-दल तूम।

●

तुम्हीं गाती हो

तुम्हीं गाती हो अपना गान;
व्यर्थ मैं पाता हूँ सम्मान।

मेरा पतझड़-हरा हृदय हर
पत्रों के मर्मर के सुखकर
तुम्हीं सुनाती हो नूतन स्वर
भर देती हो प्राण।

मेरा दुख अरण्य, किसलय-दल
ज्वाल, जली काली तुम कोयल;
दैन्य-डाल पर बैठी प्रतिपल
सुना रही हो तान।

भ्रम गोधूलि, धूसरित नभ-तन,
तुम शशि, कला-किरण-दृग-चुम्बन;
ज्ञान-तन्तु तुम, जग-अजान-मन-
शव-शिव-शक्ति महान।

●

प्रात तव द्वार पर

प्रात तव द्वार पर
आया, जननि, नैश अन्ध पथ पार कर।

लगे जो उपल पद, हुए उत्पल ज्ञात,
कण्टक चुभे जागरण बने अवदात,
स्मृति में रहा पार करता हुआ रात,
अवसन्न भी हूँ प्रसन्न मैं प्राप्तवर–
प्राप्त तव द्वार पर।

समझ क्या वे सकेंगे भीरु मलिन-मन,
निशाचर तेजहत रहे जो वन्य जन,
धन्य जीवन कहाँ,–मातः, प्रभात-धन,
प्राप्ति को बढ़ें तो गहें तव पद अमर–
प्रात तव द्वार पर।

●

जन-जन के जीवन के सुन्दर

जन-जन के जीवन के सुन्दर
हे चरणों पर
भाव-वरण भर
दूँ तन-मन-धन न्योछावर कर।
दाग़-दग़ा की
आग लगा दी
तुमने जो जन-जन की, भड़की;
करूँ आरती मैं जल-जल कर।
गीत जगा लो
गले लगा लो,
हुआ ग़ैर जो, सहज सगा हो,
करे पार जो है अति दुस्तर।

●

सुन्दर हे, सुन्दर !

सुन्दर हे, सुन्दर !
दर्शन से जीवन पर
        बरसे अनिश्वर स्वर।
परसे ज्यों प्राण,
फूट पड़ा सहज गान,
तान-सुरसरिता बही
        तुम्हारे मंगल-पद छूकर।
उठी है तरंग,
बहा जीवन निस्संग,
चला तुमसे मिलन को
        खिलने को फिर फिर भर भर।

●

तुम्हें चाहता वह भी सुन्दर

तुम्हें चाहता वह भी सुन्दर,
जो द्वार-द्वार फिरकर
भीख माँगता कर फैलाकर।

भूख अगर रोटी की ही मिटी
भूख की जमीन न चौरस पिटी,
और चाहता है वह कौर उठाना कोई
देखो, उसमें उसकी इच्छा कैसे रोई,
द्वार-द्वार फिरकर
भीख माँगता कर फैलाकर—
तुम्हें चाहता वह भी सुन्दर।

देश का, समाज का,
कर्णधार हो किसी जहाज का,
पार करे कैसा भी सागर,
फिर भी रहता है चलना उसे,
फिर भी रहता है पीछे डर;
चाहता वहाँ जाना वह भी
नहीं चलाना जहाँ जहाज, नहीं सागर,
नहीं डूबने का भी जहाँ डर।
तुम्हें चाहता है वह, सुन्दर,
जो द्वार-द्वार फिरकर
भीख माँगता कर फैलाकर।

●

उन चरणों में मुझे दो शरण

उन चरणों में मुझे दो शरण।
इस जीवन को करो हे मरण

बोलूँ अल्प, न करूँ जल्पना,
सत्य रहे, मिट जाए कल्पना,
मोह-निशा की स्नेह-गोद पर
सोये मेरा भरा जागरण।

आगे-पीछे दाएँ-बाएँ
जो आये थे वे हट जाएँ,
उठे सृष्टि से दृष्टि, सहज मैं
करूँ लोक-आलोक-सन्तरण।

●

दलित जन पर करो करुणा

दलित जन पर करो करुणा।
दीनता पर उतर आये
प्रभु, तुम्हारी शक्ति अरुणा।

हरे तन-मन प्रीति पावन,
मधुर हो मुख मनोभावन,
सहज चितवन पर तरंगित
हो तुम्हारी किरण तरुणा।

देख वैभव न हो नत सिर,
समुद्धत मन सदा हो स्थिर,
पार कर जीवन निरन्तर
रहे बहती भक्ति-वरुणा

●

भाव जो छलके पदों पर

भाव जो छलके पदों पर
न हों हलके, न हों नश्वर।

चित्त चिर-निर्मल करे वह,
देह-मन शीतल करे वह,
ताप सब मेरे हरे वह
नहा आई जो सरोवर।

गन्धवह हे, धूप मेरी
हो तुम्हारी प्रिय चितेरी,
आरती ही सहज फेरी
रवि, न कम कर दे कहीं कर।

●

धूलि में तुम मुझे भर दो

धूलि में तुम मुझे भर दो।
धूलि-धूसर जो हुए पर
उन्हीं के वर वरण कर दो।

दूर हो अभिमान, संशय,
वर्ण-आश्रम-गत महाभय,
जाति-जीवन हो निरामय
वह सदाशयता प्रखर दो।

फूल जो तुमने खिलाया,
सदल क्षिति में ला मिलाया,
मरण से जीवन दिलाया
सुकर जो वह मुझे वर दो।

●

जननि, मोहमयी तमिस्रा

जननि, मोहमयी तमिस्रा दूर मेरी हो गई है।
विश्व-जीवन की विविधता एकता में खो गई है।

देखता हूँ यहाँ, काले-लाल-पीले-श्वेत जन में
शान्ति की रेखा खिंची है, क्रान्ति कृष्णा रो गई है।

जग रहे हैं वे जगत् में जो तुम्हारी गोद में हैं,
दृष्टि में उनकी अपरिचयता परायी सो गई है।

काम आए हैं, बने हैं जो किसी के भी बनाए,
बीज पानी में, जवानी में, सुखाशा बो गई है।

चाल उलटी फिर उलटती है यही है सत्य जग का;
देखता हूँ, पल्लवों की धूल वर्षा धो गई है।

●

तुम्हीं हो शक्ति समुदय की

तुम्हीं हो शक्ति समुदय की,
तुम्हीं अनुरक्ति संचय की।
तुम्हारी दृष्टि ही है–
        ज्ञान से जकड़ा हुआ सागर,
मथा फिर देव-असुरों ने,
        समझकर रत्न का आकर,
पिया विष विष्णु के ही अर्थ
        शंकर ने अमरता-भर,
जहाँ से आय है निश्चित
        जहाँ से बुद्धि है व्यय की।
कथा के स्रोत का उत्थान
        तुमसे है, पतन तुमसे;
विषय-स्पष्टीकरण तुमसे,
        प्रलम्बित आहरण तुमसे;
तरंगों का विताड़ित भाव,
        अर्थ-न्यास-धन तुमसे,
मिलन तुमसे, विरह तुमसे,
        व्यथा उत्थान की, लय की।

●

नाथ, तुमने गहा हाथ

नाथ, तुमने गहा हाथ, वीणा बजी;
विश्व यह हो गया साथ, द्विविधा लजी।

खुल गए डाल के फूल, रँग गए मुख
विहग के, धूल मग की हुई विमल सुख;
शरण में मरण का मिट गया महादुख;
मिला आनन्द पथ पाथ; संसृति सजी।

जलभरे जलद जैसे गगन में चले,
अनिल अनुकूल होकर लगी है गले;
नमित जैसे पनस-आम-जामुन-फले,
स्नेह के सुने गुण-गाथ, माया तजी।

●

शान्ति चाहूँ मैं

शान्ति चाहूँ मैं, तुम्हारा दुःख-कारागार है जग।
हार झूला, नील-नभ तरु, सृष्टि झूली, सहज जगमग।

हुआ सूना हृदय दूना, याद आया चरण-छूना,
कामना की रही बाकी माल-पूँजी ले गए ठग।

अँखड़ियों की सजी काया कुछ नहीं, विज्ञान आया,
ओस के आँसुओं रोए, दरस करने चल पड़े पग।

●

प्रतिजन को करो सफल

प्रतिजन को करो सफल।
जीर्ण हुए जो यौवन,
जीवन से भरो सकल।

नहीं राजसिक तन-मन,
करो मुक्ति के बन्धन,
नन्दन के कुसुम-नयन
खोलो मृदु-गन्ध विमल।

जागरूक कलरव से
भरें दिशाएँ स्तव से,
सरसी के नव, नव से,
मुदे हुए खुलें कमल।

रँगे गगन, अन्तराल,
मनुजोचित उठे भाल,
छल का छुट जाए जाल,
देश मनाए मंगल।

●

जग के, जय के, जीवन

जग के, जय के, जीवन,
शोभा के प्रतनु, प्रमन,
करुणायन, कोटि-मयन,
दीनों के दुरित-शमन।

गुञ्जित-कलि-माल-मधुर
शत-छबि-निन्दक-हरिदुर
गन्द-मन्ध-मोदित-पुर,
नन्दन-आनन्द-गमन।
शायित जन जगे सकल,
कला के खुले उत्पल,
निरत हुए विरत अकल,
विश्व के तरण-तारण।

●

आए नतवदन शरण

आये नतवदन शरण
जग के उद्धत जनगण।
कठिन समर के कारण
शत-शत वारण-वारण।

गृह के खुल गए काज;
अपनों से मिटी लाज;
मंगल के साजे साज;
धुला, हुआ निर्मल मन।

अपने बाज़ार चले;
अपने अधिकार जले;
देश-विश्व मिले गले;
हुए परस्पर पावन।

●

वन्दना

वन्दन करूँ चरण,
जननि, हो भाव की
भूमि पर अवतरण !

विमल पलकें खुलें
मोह के पटल से,
कमल जैसे नयन
तुलें ज्योतिर्हसे,
देश दश दिशावधि
कटे कारावरण !

स्तव के स्तबक, वर्ण-
रेणु के, शरण के,
स्रोत पर बह चलें
जन्म के, मरण के;
पृथा पर अमृत का
क्षार से ही क्षरण !

●

भज भिखारी, विश्वभरणा

भज भिखारी, विश्वभरणा,
सदा अशरण-शरण-शरणा।

मार्ग है पर नहीं आश्रय;
चलन है, पर निर्दलन-भय;
सहित-जीवन मरण निश्चय;
कह सतत जय-विजय-रणना।

पतित को सित हाथ गहकर
जो चलाती हैं सुपथ पर,
उन्हीं का तू मनन कर कर
पकड़ निश्शर-विश्वतरणा।

पार पारावार कर तू,
मर विभव से, अमर वर तू,
रे असुन्दर, सुघर घर तू,
एक तेरी तपोवरणा।

●

समझा जीवन की विजया हो

समझा जीवन की विजया हो।
रथी दोषरत को दलने को,
विरथ व्रती पर सती दया हो।

पता न फिर भी मिला तुम्हारा,
खोज-खोजकर मानव हारा;
फिर भी तुम्हीं एक ध्रुवतारा,
नैश पथिक की पिक अभया हो।

ऋतुओं के आवर्त-विवर्तों,
लिए चलीं जो समतल-गर्तों,
खुलती हुई मर्त्य के पर्तों,
कला सफल तुम विमलतया हो।

●

पंक्ति-पंक्ति में मान तुम्हारा

पंक्ति-पंक्ति में मान तुम्हारा।
भुक्ति-मुक्ति में गान तुम्हारा।

आँख-आँख पर भाव बदलकर,
चमके हो रँग-छवि के पल-भर,
पुनः खोलकर हृदय-कमल कर,
गन्ध बने, अभिधान तुम्हारा।

विपुल-पुलक-व्याकुल अलि के दल,
मानव मधु के लिए समुत्कल
उठे ज्योति के पंख खमण्डल,
अन्तस्तल अभियान तुम्हारा

बैठे हृदयासन स्वतन्त्र-मन,
किया समाहित रूप-विचिन्तन
नृम्न मृण्मरण बचे विचक्षण,
ज्ञान-ज्ञान शुभ स्थान तुम्हारा।

●

दुरित दूर करो नाथ

दुरित दूर करो नाथ,
अशरण हूँ, गहो हाथ।

हार गया जीवन-रण,
छोड़ गये साथी-जन,
एकाकी, नैश-क्षण,
कण्टक-पथ, विगत पाथ।

देखा है, प्रात किरण
फूटी है मनोरमण,
कहा, तुम्हीं को अशरण-
शरण, एक तुम्हीं साथ।

जब तक शत मोह जाल
घेर रहे हैं कराल—
जीवन के विपुल व्याल,
मुक्त करो, विश्वगाथ !

●

भव-सागर से पार करो हे

भव-सागर से पार करो हे !
गह्वर से उद्धार करो हे !

कृमि से पतित जन्म होता है,
शिशु दुर्गन्ध-विकल रोता है,
ठोकर से जगता-सोता है,
प्रभु उसका निर्वार करो हे !

पशुओं से संकुल सन्तुल जग,
अहंकार के बाँध बँधा मग,
नहीं डाल भी जो बैठे खग,
ऐसे तल निस्तार करो हे !

विपुल काम के जाल बिछाकर,
जीते हैं जन, जन को खाकर,
रहूँ कहाँ मैं ठौर न पाकर,
माया का संहार करो हे !

●

रमण मन के, मान के तन

रमण मन के, मान के तन !
तुम्हीं जग के जीव-जीवन !

तुम्हीं में है महामाया,
जुड़ी छुटकर विश्वकाया;
कल्पतरु की कनक-छाया
तुम्हारे आनन्द-कानन।

तुम्हारी स्वर्सरित बहकर
हर रही है ताप दुस्तर;
तुम्हारे उर हैं अमर-मर,
दिवाकर, शशि, तारकागण।

तुम्हीं से ऋतु घूमती है,
नए कलि-दल चूमती है,
नए आसव झूमती है,
नए गीतों, नए नर्तन !

●

लगी लगन, जगे नयन

लगी लगन, जगे नयन;
हटे दोष, छुटा अयन;

दुर्मिल जो कुछ ऊर्मिल
मिल-मिलकर हुआ अखिल,
धुल-धुलकर कुल पंकिल
घुला एक रस अशयन।

छुटे सभी विषय बन्ध
विषमय वासना-अन्ध;
संशय की गई गन्ध,
शय-निश्चय किया चयन।

कामना विलीन हुई—
सभी अर्थ क्षीण हुई,
उद्धत शिति दीन हुई,
दिखा नवल विश्व-वयन।

●

शिशिर की शर्वरी

शिशिर की शर्वरी,
हिंस्र पशुओं भरी।

ऐसी दशा विश्व की विमल लोचनों
देखी, जगा त्रास, हृदय संकोचनों
काँपा कि नाची निराशा दिगम्बरी।

मातः, किरण हाथ प्रातः बढ़ाया
कि भय के हृदय से पकड़कर छुड़ाया,
चपलता पर मिली अपल थल की तरी।

●

साधो मग डगमग पग

साधो मग डगमग पग,
तमस्तरण जागे जग।

शाप शयन सो-सोकर,
हुए शीर्ण खो-खोकर,
अनवलाप रो-रोकर,
हुए चपल छलकर ठग।

खोलो ज़ीवन-बन्धन,
तोलो अनमोल नयन,
प्राणों के पथ पावन,
रँगो रेणु के रँग रग।

●

तिमिरदारण मिहिर दरसो

तिमिरदारण मिहिर दरसो।
ज्योति के कर अन्ध कारा–
गार जग का सजग परसो।

खो गया जीवन हमारा,
अन्धता से गत सहारा;
गात के सम्पात पर उत्थान
देकर प्राण बरसो।

क्षिप्रतर हो गति हमारी,
खिले प्रति-कलि-कुसुम-क्यारी,
सहज सौरभ से समीरण पर
सहस्रों किरण हरसो।

●

आँख लगाई

आँख लगाई
तुमसे जब से, हमने चैन न पाई।

छल जो, प्राणों का सम्बल हुआ,
प्राणों का सम्बल निष्फल हुआ,
जंगल रमने का मंगल हुआ,
ज्योति जहाँ वहाँ अँधेरी घिर आई।

राह रही जहाँ वहाँ पन्थ न सूझा,
चाह रही जहाँ वहाँ एक न बूझा,
ऐसी तलवार चली कुनबा जूझा,
बन आई वह कि दूर हुई सगाई।

●

दो सदा सत्संग मुझको

दो सदा सत्संग मुझको।
अनृत से पीछा छुटे,
तन हो अमृत का रंग, मुझको०

अशन-व्यसन तुले हुए हों,
खुले अपने ढंग,
सत्य अभिधा साधना हो,
बाधना हो व्यंग, मुझको०

लगें तुमसे तन-वचन-मन,
दूर रहे अनंग;
बाढ़ के जल बढ़ूँ, निर्मल
मिलूँ एक उमंग, मुझको०

शान्त हों कुल धातुएँ ये
बहे एक तरंग;
रूप के गुण गगन चढ़कर,
मिलूँ तुमसे, ब्रह्म, मुझको०

●

प्रथम बन्दूँ पद विनिर्मल

प्रथम बन्दूँ पद विनिर्मल,
परा-पथ पाथेय पुष्कल।

गणित अगणित नूपुरों के,
ध्वनित सुन्दर स्वर सुरों के,
सुरंजन गुंजन पुरों के,
कला निस्तल की समुच्छल।

वासना के विषम शर से
बिन्धे को जो छुआ कर से,
शत समुत्सुक उत्स बरसे,
गात गाथा हुई उज्ज्वल।

खुली अन्तःकिरण सुन्दर,
दिखे गृह, वन, सरित, सागर,
हँसे खुलकर हार-बाहर,
अजन जन के बने मंगल।

●

प्यास लगी है, बुझाओ

प्यास लगी है, बुझाओ,
अमृत के घूँट पिलाओ।

समझा है अपना सपना है;
कुटिया में तपना-तपना है,
निठुर शीत-जल में कँपना है,
मुरझी आस जिलाओ–
अमृत के घूँट पिलाओ।

छूते कनक-किरन फूटेगी,
कड़ी अँधेरे की टूटेगी,
उर से कठिन भीति छूटेगी,
मूँदा कमल खिलाओ–
अमृत के घूँट पिलाओ।

●

तुम ही हुए रखवाल

तुम ही हुए रखवाल
तो उसका कौन न होगा ?
फूली-फली तरु-डाल
तो उसका कौन न होगा ?

कान पड़ी है खटाई
तो उसकी कौन मिताई
और हिये जयमाल
तो उसका कौन न होगा ?

जिसने किया है किनारा
उसी का दलबल हारा,
और हुए तुम ढाल
तो उसका कौन न होगा ?

●

आँख बचाते हो

आँख बचाते हो
तो क्या आते हो ?

काम हमारा बिगड़ गया
दिखा रूप जब कभी नया;
कहाँ तुम्हारी महा दया ?
क्या क्या समझाते हो ?–
आँख बचाते हो।

लीक छोड़कर कहाँ चलूँ ?
दाने के बिना क्या तलूँ ?
फूला जब नहीं क्या फलूँ ?
क्या हाथ बटाते हो ?–
आँख बचाते हो।

●

हरि का मन से गुणगान करो

हरि का मन से गुणगान करो,
तुम और गुमान करो, न करो।
स्वर-गंगा का जल पान करो,
तुम अन्य विधान करो, न करो।

निशिवासर ईश्वर ध्यान करो,
तुम अन्य विमान करो, न करो।
ठग को जग-जीवन-दान करो,
तुम अन्य प्रदान करो, न करो।

दुख की निशि का अवसान करो,
उपमा, उपमान करो, न करो।
प्रिय नाह की बाँह का थान करो,
तुम और वितान करो, न करो।

●

तन, मन, धन वारे हैं

तन, मन, धन वारे हैं :
परम-रमण, पाप-शमन,
स्थावर-जङ्गम-जीवन;
उद्दीपन, सन्दीपन
सुनयन रतनारे हैं।

उनके वर रहे अमर
स्वर्ग-धरा पर संचर,
अक्षर-अक्षर अक्षर,
असुर अमित मारे हैं।

दूर हुआ दुरित, दोष
गूँजा है विजय-घोष,
भक्तों के आशुतोष,
नभ-नभ के तारे हैं।

●

तुम से जो मिले नयन

तुम से जो मिले नयन
दूर हुए दुरित-शयन।

खिले अंग-अंग अमल
सर के प्रातः-शतदल
पावन-पवनोत्कल-पल,
अलक-मन्द-गन्ध-वयन।

खग-कुल-कल-कण्ठ-राग
फूटे नग, नगर बाण,
अधर-विधुर छुटे दाग,
कर-कर सित-सुमन-चयन।

अखिल के न खिले हुए,
खुले हिले-मिले हुए,
एक ताग सिले हुए
आये हो एक अयन।

●

मानव का मन शान्त करो हे !

मानव का मन शान्त करो हे !
काम, क्रोध, मद, लोभ, दम्भ से
जीवन को एकान्त करो हे !

हिलें वासना-कृष्ण-तृष्ण उर,
खिलें विटप छाया-जल-सुमधुर,
गूँजे-अलि-गुंजन के नुपुर,
निज-पुर-सीमा-प्रान्त करो हे !

विहग-विहग नव गगन हिला दे,
गान खुले-कण्ठ-स्वर गा दे,
नभ-नभ कानन-कानन छा दे,
ऐसे तुम निष्क्रान्त करो हे !

रूखे-मुख की रेखा सोए,
फूट-फूटकर माया रोए,
मानस-सलिल-मलिनता धोए,
प्रति मग से आक्रान्त करो हे !

●

जीवन के मधु से भर दो मन

जीवन के मधु से भर दो मन,
गन्ध विधुर कर दो नश्वर तन,
मोह मदिर चितवन को चेतन,
आत्मा को प्रकाश से पावन।

अन्धकार के अन्तराल को
दूर करो, तनु आलबाल को
शक्ति सलिल से सींच-सींचकर
फेरो अपनी ओर खींचकर।

जग की दुर्दम बाधाओं से
मुझे बचाओ तुम, नावों से
जैसे स्रोत-भँवर को तरकर
नाविक खे लाते हैं अक्षर।

मेरा पथ आलोकित कर दो,
प्राणों में नव स्पन्दन भर दो।

●

लिया-दिया तुमसे मेरा था

लिया-दिया तुमसे मेरा था,
दुनिया सपने का डेरा था।

अपने चक्कर से कुल कट गए,
काम की कला से हट हट गए,
छापे से तुम्हीं निपट पट गए,
उलटा जो सीधा ढेरा था।

सही आँख तुम्हीं दिखे पहले,
नहले पर तुम्हीं रहे दहले,
बहते थे जितने थे बहले,
किसी जीभ तुमको टेरा था।

तभी किनारे लगा दिया है,
जहाँ करारा गिरा दिया है,
कैसा तुमने तरा दिया है,
गहरा भँवरों का फेरा था।

●

सहज-सहज कर दो

सहज-सहज कर दो :
सकलश रस भर दो।

ठग ठगकर मन को
लूट गए धन को,
ऐसा असमंजस, धिक
जीवन-यौवन को :
निर्भर हूँ, वर दो।

जगज्जाल छाया,
माया ही माया,
सूझता नहीं है पथ
अन्धकार आया;
तिमिर-भेद शर दो।

●

तरणि तार दो

तरणि तार दो
अपर पार को।

खे-खेकर थके हाथ,
कोई भी नहीं साथ,
श्रम-शीकर-भरा माथ,
बीच-धार, ओ !

पार किया तो कानन,
मुरझाया जो आनन,
आओ हे निर्वारण,
बिपत वार लो।

पड़ी भँवर-बीच नाव,
भूले हैं सभी दाँव,
रुकता है नहीं राव—
सलिल-सार, ओ !

●

कठिन यह संसार, कैसे विनिस्तार ?

कठिन यह संसार, कैसे विनिस्तार ?
ऊर्मि का पाथार कैसे करे पार ?

अयुत भंगुर तरंगों टूटता सिन्धु,
तुमुल-जल-बल-भार, क्षार-तल, कुल बिन्दु,
तट-विटप लुप्त, केवल सलिल-संहार।

ऋतु-वलय सकल शय नाचते हैं यहाँ,
देख पड़ता नहीं, आँचते हैं यहाँ,
सत्य में झूठ, कुहरा-भरा सम्भार।

●

भजन कर हरि के चरण, मन !

भजन कर हरि के चरण, मन !
पार कर मायावरण, मन !

कलुष के कर से गिरे हैं
देह-क्रम तेरे फिरे हैं,
विपथ के रथ से उतरकर
बन शरण का उपकरण, मन !

अन्यथा है वन्य कारा
प्रबल पावस, मध्य धारा,
टूटते तन से पछड़कर
उखड़ जाएगा तरण, मन !

●

मुदे नयन, मिले प्राण

मुदे नयन, मिले प्राण,
हो गया निशावसान।

जगते-जग के कलरव
सोए, उर के उत्सव
मन्द हुए स्पन्दित जब,
मिले कण्ठ-कण्ठ गान।

एक हुए दोनों वर
ईश्वर के अविनश्वर,
पार हुए घर-प्रान्तर,
अन्तर में निरवमान !

ज्ञान-सूत्र में मिलकर,
स्वर्ग से चढ़े ऊपर,
जहाँ नहीं नर, न अमर—
सुन्दरता का विधान।

●

जननि, मोह की रजनी

जननि, मोह की रजनी
पार कर गई अवनी।

तोरण-तोरण साजे,
मंगल-बाजे बाजे,
जन-गण-जीवन राजे,
महिलाएँ बनीठनीं।

साड़ी के खिले मोर,
रेशम के हिले छोर,
शिंजित हैं बोर-बोर,
चमकी है कनी-कनी।

क्षिति पर हैं लौह-यान,
गगन विकल हैं विमान,
थल पर है उथल-पुथल,
जल पर तैरी तरणी।

●

उनसे संसार

उनसे संसार,
भव-वैभव-द्वार।

समझो वर निर्जर रण;
करो वार वार स्मरण,
निराकार करण-हरण,
शरण, मरण पार।

रवि की छवि के प्रभात,
ज्योति के अदृश्य गात,
गन्ध-मन्द-पवन-जात,
उर-उर के हार।

●

मधुर स्वर तुमने बुलाया

मधुर स्वर तुमने बुलाया,
छद्म से जो मरण आया।

बो गई विष वायु पच्छिम,
मेघ के मद हुई रिमझिम,
रागिनी में मृत्युः द्रिमद्रिम,
तान में अवसान छाया।

चरण की गति में विरत लय,
साँस में अवकाश का क्षय,
सुषमता में असम संचय,
वरण में निश्शरण गाया।

●

तू दिगम्बर, विश्व है घर

तू दिगम्बर, विश्व है घर
ज्ञान तेरा सहज वर कर।
शोकसारण करणकारण,
तरणतारण विष्णु-शंकर।

अमित सित के असित चित के,
त्वरित हित के राम वा नर,
लक्षणासन संग लक्ष्मण
वासनारण-प्रहर-खर-शर।

गति अनाहत, तू सखा मत,
सहज संयत, रे अकातर,
ध्यान के सम्मान में रत
ज्ञान के शतपथ-चराचर।

●

हरिण-नयन हरि ने छीने हैं

हरिण-नयन हरि ने छीने हैं।
पावन रँग रग-रग भीने हैं।

जिती न-चहती माया महती,
बनी भावना सहती-सहती,
भीतर धँसी साधना बहती,
सिले छेद जो तन सीने हैं।

जाने जन जो मरे जिए थे,
फिरे सुकृत जो लिए दिए थे,
हुए हिये जो मान किए थे,
पटे सुहसन, वसन झीने हैं।

●

पतित हुआ हूँ भव से तार

पतित हुआ हूँ भव से तार;
दुस्तर दव से कर उद्धार।

तू इंगित से विश्व अपरिमित
रच-रचकर करती है अवसित,
किस काया से किस छायाश्रित,
मैं बस होता हूँ बलिहार।

समझ में न आया तेरा कर
भर देगा या ले लेगा हर,
सीस झुकाकर उन चरणों पर,
रहता हूँ भय से इस पार।

रुक जाती है वाणी मेरी,
दिखती है नादानी मेरी,
फिर भी मति दीवानी मेरी,
कहती है, तू ठेक उतार।

●

पतित पावनी, गंगे

पतित पावनी, गंगे !
निर्मल-जल-कल-रंगे !

कनकाचल-विमल धुली,
शत-जनपद-प्रगद-खुली,
मदन-मद न कभी तुली
लता-वारि-भ्रू-भंगे !

सुर-नर-मुनि-असुर-प्रसर
स्तव रव-बहु गीत-विहर
जल-धारा-धाराधर–
मुखर, सुकर-कर-अंगे !

●

चरण गहे थे, मौन रहे थे

चरण गहे थे, मौन रहे थे,
विनय वचन बहु-रचन कहे थे।

भक्ति-आँसुओं पद पखारकर,
नयन-ज्योति आरति उतारकर,
तन-मन-धन सर्वस्व वारकर,
अमर-विचाराधार बहे थे।

आस लगी है जी की जैसी
खण्डित हुई तपस्या वैसी,
विरति सुरति में आई कैसी,
कौन मान-उपमान लहे थे।

ठोकर गली गली की खाई
जगती से न कभी बन आई,
रहे तुम्हारी एक सगाई,
इसीलिए कुल ताप सहे थे।

●

विपद-भय-निवारण करेगा वही सुन

विपद-भय-निवारण करेगा वही सुन,
उसी का ज्ञान है, ध्यान है मान-गुन।

वेग-चल, वेग चल, आयु घटती हुई,
प्रमुद-पद की सुखद वायु कटती हुई;
जल्पना छोड़ दे जोड़ दे ललित धुन।

सलिल में मीन है मग्न, मनु अनिल में
सीखने के लिए ज्ञान है अखिल में,
विमल अनवद्य की भावना सद्य चुन।

अन्यथा सकल आराधना शून्य है,
मृत्तिका भाप है, पाप भी पुण्य है,
भेद की आग में व्यर्थ अब तो न भुन।

●

काम के छवि-धाम

काम के छवि-धाम
शमन प्रशमन राम !

सिन्धुरा के सीस
सिन्दूर, जगदीश,
मानव सहित-कीश,
सीता-सती-नाम।

अरि-दल-दलन-कारि,
शंकर, समनुसारि
पद-युगल-तट-वारि
सरिता, सकल याम।

शेष के तल्प कल
शयन अवशेष-पल,
चयन-कलि-गन्ध-दल
विश्व के आराम।

●

हे जननि, तुम तपश्चरिता

हे जननि, तुम तपश्चरिता,
जगत की गति, सुमति भरिता।

कामना के हाथ थककर
रह गए मुख विमुख बककर,
निःस्व के उर विश्व के सुर
बह चली हो तमस्तरिता।

विवश होकर मिले शंकर,
कर तुम्हारे है विजय वर,
चरण पर मस्तक झुकाकर
शरण हूँ, तुम मरण सरिता।

●

तुम्हारी छाँह है, छल है

तुम्हारी छाँह है, छल है;
तुम्हारे बाल हैं, बल है।

दृगों में ज्योति है, शय है,
हृदय में स्पन्द है, भय है।
गले में गीत है, लय है,
तुम्हारी डाल है, फल है।

उरोरुह राग है, रति है,
प्रभा है, सहज परिणति है,
सुतनुता छन्द है, यति है,
कमल है, जाल है, जल है।

●

माँ, अपने आलोक निखारो

माँ, अपने आलोक निखारो,
नर को नरक-त्रास से वारो।

विपुल दिशावधि शून्य वर्ग जन,
व्याधि-शयन जर्जर मानव मन,
ज्ञान-गगन से निर्जर जीवन
करुणाकरो उतारो, तारो।

पल्लव में रस, सुरभि सुमन में,
फल में दल, कलरव उपवन में,
लाओ चारु-चयन चितवन में,
स्वर्ग धरा के कर तुम धारो।

●

घन आए, घनश्याम न आए

घन आए, घनश्याम न आए।
जल बरसे आँसू दृग छाए।

पड़े हिंडोले, धड़का आया,
बढ़ी पैंग, घबराई काया,
चले गले, गहराई छाया,
पायल बजे, होश मुरझाए।

भूले छिन, मेरे न कटे दिन,
खुले कमल, मैंने तोड़े तिन,
अमलिन मुख की सभी सुहागिन,
मेरे सुख सीधे न समाए।

●

मरा हूँ हजार मरण

मरा हूँ हजार मरण
पाई तब चरण-शरण।

फैला जो तिमिर-जाल
कट-कटकर रहा काल,
अँसुओं के अंशुमाल,
पड़े अमित सिताभरण।

जल-कलकल-नाद बढ़ा,
अन्तर्हित हर्ष कढ़ा,
विश्व उसी को उमड़ा,
हुए चारु-करण सरण।

●

रँग-रँग से यह गागर भर दो

रँग रँग से यह गागर भर दो,
निष्प्राणों को रसमय कर दो।

माँ, मानस के सित शतदल को
रेणु-गन्ध के पंख खिला दो,
जग को मंगल मंगल के पग
पार लगा दो, प्राण मिला दो;
तरु को तरुण पत्र-मर्मर दो।

खग को ज्योतिःपुंज प्रात दो
जग-ठग को प्रेयसी रात दो,
मुझको कविता का प्रपात दो,
अविरत मारण-मरण हाथ दो,
बँधे परों के उड़ते वर दो !

●

कृष्ण-कृष्ण राम-राम

कृष्ण कृष्ण राम राम,
जपे हैं हजार नाम।

जीवन के लड़े समर,
डटे रहे, हारे स्तर,
स्मर के शर के मर्मर,
गए, पुनः जिते धाम।

ऐसे उत्थान-पतन,
भरा हुआ है उपवन,
प्राणों का गमागमन,
है प्रमाण से प्रणाम।

दिखे दित्य सभी लोक
शोकहर विटप अशोक,
नैश चन्द्र और कोक,
आकर्षण या विराम।

●

कामरूप, हरो काम

कामरूप, हरो काम;
जपूँ नाम, राम, राम।

शवरी, गज, गणिकादिक,
हुए कृष्ट प्रासारिक,
पारिक, मैं सांसारिक,
अभिधा हो व्यंग्यदाम।

गणता मेरी न गई,
आई फिर ज्योति गई,
तरी दिव्यता उनई,
तेरी मेरी प्रकाम।

●

हार गया

हार गया,
ज्यों मैं उस पार गया।

जाना था नहीं, वह रहस्य क्या,
वहाँ कहीं अपना भी वश्य क्या,
भोजन को भूमि कहाँ, शस्य क्या ?
कोई मुझको यहाँ उबार गया–
मार गया,
हार गया।

●

द्वार पर तुम्हारे

द्वार पर तुम्हारे
खड़ा हुआ विश्व
कर पसारे।

ऐसी दयनीयता हुई है क्या,
फूली है, भीतरी रुई है क्या,
दुनिया में लड़े तो दुई है क्या,
बिसरा यह नहीं रे बिसारे।

समझौते समझौते चले गए,
सोचा है, तो हम कब छले गए,
उल्टा तो बिगड़े के भले गए,
हार गया परा जो न पारे।

●

राम के हुए तो बनें काम

राम के हुए तो बने काम,
सँवरे सारे धन, धान, धाम।

पूछा जग ने, वह राम कौन ?
बोली विशुद्धि जो रही मौन,
वह जिसके दून, न ड्योढ़-पौन,
जो वेदों में है सत्य, साम।

वह सूर्य्यवंश सम्भूत तभी,
जीवन की जय का सूत तभी,
कृष्णार्जुन हारण पूत तभी,
जो चरण विचारण बिना दाम।

●

विपदा हरण हार हरि हे करो पार

विपदा हरण हार हरि हे करो पार।
प्रणव से जो कुछ चराचर तुम्हीं सार।

तुम्हीं अविनाशी विहग व्योम के देश,
परिमित अपरिमाण में तुम हुए शेष,
सृष्टि में दृश्य रसरूप भोजन-वेश
फैलकर सिमटकर तुम्हीं हो निर्धार।

बहुविध तुम्हारा उपाख्यान गाया
फिर भी कहा अन्त अब भी न पाया,
मूर्त हो या स्फूर्त तुम कुछ न आया,
पदों पर दण्डप्रणाम के सम्भार।

●

मेरी सेवा ग्रहण करो हे !

मेरी सेवा ग्रहण करो हे !

शुद्ध सत्त्व से क्षण-क्षण यह
काष्ठा से रहित शरीर भरो हे !

वारित करो भ्रमित मानव-मन,
स्थिर जैसे सुगन्धवासित तन,
तुम्हीं रहो बहते रहते कण,
तरे विश्व इस तरह तरो हे !

बहुत तुम्हारे मारे-मारे
फिरते हैं हारे बेचारे,
चेतन मधु-गन्ध के सहारे
उन्हें प्राण दो, मुझे हरो हे !

●

दुख हर दे, जल-शीतल सर दे !

दुख हर दे, जल-शीतल सर दे !
वरदे ! पावन उर को कर दे !

शून्य कोष ओसों से भर दे,
तरु को रश्मि, पत्र-मर्मर दे,
मौन तूलि को मूर्ति मुखर दे,
पग-पग को जग के डग तर दे !

पारण को गोधूम-चूर्ण, घृत,
सुरभि सुचारण को सौरभ-सृत,
निर्धारण को नाम अलंकृत,
मारण को कलि-कल्मष, वर दे !

●

हे मानस के सकाल !

हे मानस के सकाल !
छाया के अन्तराल !

रवि के, शशि के प्रकाश,
अम्बर के नील भास,
शारद-घन गहन-हास,
जगती के अंशुमाल।

मानव के रूप सुघर,
मन के अतिरेक अमर,
निःस्व विश्व के सुन्दर,
माया के तमोजाल।

●

मारकर हाथ भव-वारिधि तरो, प्राण !

मारकर हाथ भव-वारिधि तरो, प्राण !
गगन में गूँजकर ऐच्छिक करो गान !

दूर हो दुरित, सुख-सुरित फूटे, बहे,
एक अनुभव अनुद्दव हृदय में रहे,
कामना-काम प्रतियाम मानव सहे,
विश्व होकर रहे स्वर्ग का सुस्थान।

अनुद्वेलित हुआ चित्सिन्धु जहाँ है,
मिल रहे हैं, जहाँ, सृष्टि के सभी शय,
बिना जिसके नहीं स्थिति, रहा है विलय,
वहीं हो सही इस देह का अभियान।

●

सत्य पाया जहाँ जग ने, दान तेरा ही वहाँ है

सत्य पाया जहाँ जग ने, दान तेरा ही वहाँ है।
जहाँ भी पूजा चढ़ी है, मान तेरा ही वहाँ है।

जहाँ है शत पथ निरादर, देखकर जन जीव कादर,
कृत्य में अन्तर्निहित अभिमान तेरा ही वहाँ है।
तूलि के रँग खुली कलियाँ, गूँजती षटपदावलियाँ,
महकती-गलियाँ, सुरभि का गान तेरा ही वहाँ है।

जिस प्रवर्षण भूमि उर्वर, जिस तपन मरु धूम्र-धूसर,
जिस पवन लहरा दिगन्तर, ज्ञान तेरा ही वहाँ है।

●

मेरा फूल न कुम्हला पाए

मेरा फूल न कुम्हला पाए,
जल उलीचकर, मूल सींचकर
लौटे तुम तरु-तरु के साए।

तले मोर नाचे, डाली पर
चहके खग प्राणों से खुलकर,
नभ-चारण के स्वर मडलाए।

लौटीं ग्राम-वधू पनघट से,
लगा चितेरा अपने पट से,
बँधी नाव हिलती है तट से,
कवि के अग्नि-प्राण उकताए।

●

तप के बन्धन बाँधो, बाँधो !

तप के बन्धन बाँधो, बाँधो !
मन के साधन साधो, साधो !

वस्तु तुम्हारी ध्यान रहे यह,
विषय विष बना ज्ञान रहे यह,
गेह देह है मान रहे यह,
ऐसे तन आराधो, साधो !

कठिन रज्जु, जड़ की, चेतन की,
वसुधा बँधी विजय-केतन की,
काम करो, न बात वेतन की,
ऐसे जुए न नाधो, साधो !

●

मानव के तन केतन फहरे

मानव के तन केतन फहरे।
विजय तुम्हारी नभ में लहरे।

छल के बल-सम्बल सब हारें,
तुम पर जन तन-मन-धन वारें,
असुरों को जी जीकर पारें,
अन्धकार का मानस घहरे।

जो न हुआ वह गुजरे होकर,
जो न गया वह लौटे रोकर,
जो न खुला खोलो तुम धोकर,
टेक तुम्हारी मन में ठहरे।

●

मन का समाहार

मन का समाहार
करो विश्वाधार।

गहन कंटक-जटिल
मग चले पग निखिल,
गया है हृदय हिल,
लो थके को वार।

कोई नहीं और,
एक तुम हो ठौर,
दूर सब जन, पौर,
भव से करो पार।

●

अशरण-शरण राम

अशरण-शरण राम,
काम के छवि-धाम।

ऋषि-मुनि-मनोहंस,
रवि-वंश-अवतंस,
कर्मरत निश्शंस,
पूरो मनस्काम।

जानकी-मनोरम,
नायक सुचारुतम,
प्राण के समुद्यम,
धर्म धारण श्याम।

●

तुम से लाग लगी जो मन की

तुम से लाग लगी जो मन की।
जग की हुई वासना बासी।
गंगा की निर्मल धारा की
मिली मुक्ति, मानस की काशी।

हारे सकल कर्म बल खोकर,
लौटी माया स्वर से रोकर,
खोले नयन आँसुओं धोकर,
चेतन परम दिखे अविनाशी।

निःस्पृह, निःस्व, निराम्भय निर्मम,
निराकांक्ष, निर्लेप, निरुद्गम,
निर्भय, निराकार, निःसम, शम,
माया आदि पदों की दासी।

●

हरि-भजन करो भू-भार हरो

हरि-भजन करो भू-भार हरो,
भव सागर निज उद्धार तरो।
गुरु जन की आशिष सीस धरो,
सन्मार्ग अभय होकर विचरो।

परकाल कराल सम्हाल करो,
यह लोक न शोक हरे, सँवरो,
भ्रम के भुज भूल न पाँव धरो,
अभया-पद-आसन साँस भरो।

सुख के अनुरंजन दुःख महा,
दुख से सुख है यह सत्य कहा,
तन मानव क्या, हत ज्ञान रहा,
सुरलोक-विधान-विमान बरो।

●

नाचो हे, रुद्रताल

नाचो हे, रुद्रताल;
आँचो जग ऋजु-अराल।
झरे जीव जीर्ण-शीर्ण,
उद्भव हो नव-प्रकीर्ण,

करने को पुनः तीर्ण,
हों गहरे अन्तराल।

फिर नूतन तन लहरे,
मुकुल-गन्ध बन छहरे,
उर तरु-तरु का हहरे,
नव मन, सायं-सकाल।

●

वही चरण शरण बने

वही चरण शरण बने।
कटें कलुष गहन घने।

लगे हे तुम्हीं से मन,
उर-नूपुर-मधुर-रणन,
तुम्हारे अजिर, आँगन,
मंगल के गीत गने।

उठे ठाट जब जग से,
पड़े बाट इस मग से,
खुले हाट अग डग से,
तुम्हारे वितान तने।

●

लो रूप, लो नाम

लो रूप, लो नाम,
दो अमल विश्राम।

श्रम हरो भव जन्य,
यश धवल बहु मन्य,
बदलो नयन वन्य,
धन्य कर दो धाम।

हो शंखनाद, जय,
दूर अपवाद, भय,
रोग, अवसाद, क्षय,
खो जाए खल काम।

●

भग्न तन, रुग्ण मन

भग्न तन, रुग्ण मन,
जीवन विषण्ण वन।

क्षीण क्षण-क्षण देह,
जीर्ण सज्जित गेह,
घिर गए हैं मेह,
प्रलय के प्रवर्षण।

चलता नहीं हाथ,
कोई नहीं साथ,
उन्नत, विनत माथ,
दो शरण, दोषरण।

●

जय अजेय, अप्रमेय

जय अजेय, अप्रमेय
जय जग के परम पार।
जय जीवों के जप के,
तप के, तनु-सूत्रधार।

गरल-कण्ठ हे अकुण्ठ,
बैठक बैकुण्ठ-धाम;
जय शिव, जय विष्णु, जिष्णु,
शंकर, जय कृष्ण, राम;

शतविध नमानुबन्ध
बान्धव हे निराकार–
जय अजेय, अप्रमेय,
जय जग के परम पार।

●

रहते दिन दीनशरण भज ले

रहते दिन दीनशरण भज ले।
जो तारक सत वह पद-रज ले।

दे चित अपने ऊपर के हित,
अन्तर के बाहर के अवसित,
उसको जो मेरे नहीं सहित,
यों सज तू, कर सत की धज ले।

जब फले न फल, तू हो न विकल,
करके ठग करतब को कर कल;
इस जग के मग तू ऐसे चल,
नूपुर जैसे उर में बज ले।

●

तिमिर हरण तरणितरण

तिमिर हरण तरणितरण किरण हरण हे—तुम।
जित दानव मानवगण चरण शरण हे—तुम।

कला-सकल करतल गत,
अविगत, अविनत, अविरत,
आनन आनत शत-शत

मरण-मरण हे—तुम !

जब तक नर-मन अविकल,
रहो सकल फल, सम्बल,
विचले के क्षमा गरल।

जग-ठग-रण के—तुम।

●

बाँसुरी जो बजी

बाँसुरी जो बजी
लाज कुल की तजी

यमुना पुलिन अजन,
आँजे नयन, सजन
तन, बसे फूल, जन
मन देखकर लजी।

बैर के बेर वन
बो गए कृष्ण घन,
शेष के देश की
दशा दुख की भगी।

●

मन न मिले न मिले हरि के पद

मन न मिले न मिले हरि के पद।
अंश हुए न, हुए न वशम्वद।

गलती रही वासना जी तन,
न बना यौवन, न बना जीवन,
भरे हुए उपवन में अनमन
मानव रहा अमान, भरा-मद।

ज्ञान गया तो प्रायः पशु है,
वसु न हुआ तो निर्बल असु है,
वसुन्धरा में अन्ध दस्यु है,
अपने पन में अपण, न आच्छद।

●

शाप तुम्हारा

शाप तुम्हारा : गरज उठे सौ-सौ बादल;
ताप न वारा, काँपे पृथ्वी के तरुदल।

हर-हर हरती समीर,
जीवन-यौवन अधीर,
चले तीक्ष्ण-तीक्ष्ण तीर,
छूटे गृह-वन के सम्बल।

नीचे-ऊपर अपार
सलिल राशि विसम्भार,
मुहुर्मुहुः वज्रहार,
संसृति के संहत चञ्चल।

आओ अनिमेष नयन,
करो निरामय वर्षण,
सञ्चय हे संघर्षण!
कलित साधना के शुभ फल।

●

वरद हुई शारदा जी हमारी

वरद हुईं शारदा जी हमारी,
पहनी वसन्त की माला सँवारी।

लोक विशोक हुए, आँखों से
उड़े गगन लाखों पाँखों से,
कोयलें मंजरी की शाखों से,
गईं सुमंगल होली तुम्हारी।

नाचे मयूर प्रात के फूटे
पात के मेघ तले, सुख लूटे,
कामिनी के मन मूठ से छूटे,
मिलने खिलने को ललकी निवारी।

●

जिधर देखिए, श्याम विराजे

जिधर देखिए, श्याम विराजे।
श्याम कुंज, वन, यमुना श्यामा,
श्याम गगन, घन-वारिद गाजे।
श्याम धरा, तृण-गुल्म श्याम हैं
श्याम सुरभि-अंचल दल साजे;
श्याम बलाका, शालि श्याम हैं,
श्याम-विजय-बाजे नभ बाजे।
श्याम मयूर, कोकिला श्यामा,
कूजन, नृत्य श्याम मृदु माजे;
श्याम काम, रवि श्याम मध्य दिन,
श्याम नयन काजल के आँजे।
श्रुति के अक्षर श्याम देखिए,
दीप-शिखा पर श्याम निवाजे;
श्याम तामरस, श्याम सरोवर,
श्याम अनिल, छवि श्याम सँवाजे।

●

स्वर में छायानट भर दो

स्वर में छायानट भर दो;
पावन प्राणों को कर दो

अनियारे दृग चपल उपान्तों
झरी रेणुएँ, क्लान्तों प्रान्तों,
खसे खेल उपवन के, शान्तों
सीमाओं को नव वर दो।

आलिंगित बान्धवता आए,
वैभव विपुल पराङ्मुख जाए,
जीवन को यौवन नहलाए,
कोई अविनश्वर सर दो।

●

सुख के सारे साज तुम्हारे

सुख के सारे साज तुम्हारे;
क्षण में अक्षम ही को वारे।

भूमि-गर्भ तरु में रो-रोकर
फिरी गन्ध बन्दी हो-होकर;
दिया कमल को प्रभा-स्नात वर,
बेले को शशि, सुन्दर तारे।

खोले दल के पल, विश्व जन
आमोदित हो गए स्वस्थ-मन;
जोड़े कर, स्तुति पढ़ी, विनन्दन
किया तुम्हारा, मन से हारे।

●

तुम्हारी हवा से सोए

तुम्हारी हवा से सोए,
तुम्हारी हवा से जागे।
तुम्हारे रव सुने, सूने
सदन में चरण अनुरागे।

नयन-तारक दिखे उज्ज्वल,
हँसी से प्रभाकर झलमल;
तुम्हारे रूप से निखरे
निकर जग चराचर लागे।

पराजय लाख, लाखों जय,
तुम्हारे चरण के संचय;
कुतोभय जगह पाकर
मृण्मयी के खड़े हैं आगे।

●

काँपे जीवन के जीर्ण याम

काँपे जीवन के जीर्ण याम,
आए तुम प्राची-रवि समान।

सिहरे रोओं के लता-पुंज,
पिकध्वनि भासित भैरवी गुंज,
पनघट नागरी, वितान कुंज
मलयानिलवाह सुकर सुठाम। काँपे०

जग उठा दूसरा विश्व, चला;
पग-पग छाया कुल भला-भला,
सन्देश शुद्ध मुख से निकला
दृग बन्द करो, लो राम नाम। काँपे०

●

तुम्हारे काम, तुम्हारे नाम

तुम्हारे काम, तुम्हारे नाम।
तुम्हारे लिए सही संग्राम।

तुम्हीं जीवन की घाटी पर
विजय की तरणी खेते हो;
तुम्हीं अपनी पाटी भरकर
लिखाते हो, लिख लेते हो,
तुम्हीं जीवन में पूर्ण विराम।

तुम्हारे लिए जहाँ नागा,
नील का बँधा वहीं धागा,
जहाँ पीछा है वह आगा,
वहाँ जागा मानव सोया,
नहीं रस वहाँ, नहीं है ताम।

●

तुम्हारे आँगन में छाए

तुम्हारे आँगन में छाए—
वर्ण-गन्ध पाए।
अमरों कर आकलित फलित हैं,
सित लोहित अति असित हरित हैं;
उद्गारों के फल विकसित हैं
पंकज नहलाए।

पाद्य अर्घ्य चन्दन से चर्चित,
स्वत से स्तबकों के, अभ्यर्थित,
अंजलि से चरणों पर सर्जित,
उत्मन विकसाए।

●

तुम्हारी छाँह, तुम्हारी बाँह

तुम्हारी छाँह, तुम्हारी बाँह,
तुम्हीं गोपी, गोपी के नाह।

वर्ष वर्षा के गगन-उछाह,
शीत के पोषक विद्रुम-वाह,
ग्रीष्म के शोषक दारुण-दाह,
बदलते हुए माह के माह।

तुम्हीं से दिन की सुघर घड़ी,
आँख के काँटे काँप रही,
और कब कुछ भी सही-सही,
दिशा में विदिशा का निर्वाह।

●